초·중·고등학교 교육용 漢字 단계별 쓰기
8급~1급 까지 급수별 배정한자 수록

漢字능력검정용 3,500字 급수별
한자[漢字] 쓰기 노트북

한국두뇌개발교육원 **손 동 조** 원장 저
한국기억법 창시자 **손 주 남** 원장

衣

瓜

도서
출판 건기원

방과후 학교 교재

홈페이지 : http://www.kbspeed.com
　　　　　　한국두뇌개발교육원

다음카페 : http://cafe.daum.net/kbspeedj

저자 이메일 : amsre@hanmail.net

본서 기획자 : 한국두뇌개발원

독자상담 : 02-725-6277

목 차

전국한자능력시험 배정漢字 읽기와 쓰기 알아보기	4
급수별 문항 및 합격 점수	5
기본 부수한자 총 [1단계] 111字	6
기본 부수한자 총 [2단계] 103字	7

1장

漢字 8급~1급까지 쓰기 총 3,500字

[급수별 배정한자 쓰기 노트]

초급 시작단계 1,000字까지 漢字 쓰기	9
중급 시작단계 1,500字까지 漢字 쓰기	34
고급 시작단계 3,500字까지 漢字 쓰기	54

2장

漢字 8급~1급까지 훈·음 쓰기 총 3,500字

[급수별 훈·음 쓰기 노트]

초급 시작단계 1,000字까지 훈·음 쓰기	98
중급 시작단계 1,500字까지 훈·음 쓰기	110
고급 시작단계 3,500字까지 훈·음 쓰기	120

부록

모양이 비슷하여 혼동하기 쉬운 漢字	143
一字 多音語(다음어), 한 글자가 둘 이상의 音을 가진 한자	147
漢字의 뜻이 비슷한 유의자(類義字) 반대의 뜻을 가진 相對字(상대자)	149
한자능력검정시험 대비 漢字成語(한자성어) 및 故事成語(고사성어)	152
경조사 문구 漢字로 쓰기	167

전국한자능력시험 배정한자 읽기와 쓰기 알아보기

* 이 한자 쓰기 교재는 한국어문회가 정한 한자의 훈·음을 바르게 적어서 누구나 올바르게 한자를 익힐 수 있도록 구성하였습니다.
* 한자 급수 자격증 취득에 대비하여 8급~1급까지 배정한자를 급수별로 나누어져 있으며 초급부터 고급까지 한자를 쓰면서 공부할 수 있게 구성되어 있습니다.

급수	읽기	쓰기	한자능력검정시험 수준별 대비
8급	50字	없음	유치원생이나 초등학생의 학습 動機부여를 위한 級數
7급	150字	없음	漢字 공부를 처음 시작하는 사람을 위한 初學 단계
6급Ⅱ	300字	50字	漢字 쓰기를 처음 시작하는 첫 級數
6급	300字	150字	쉬운 기초 漢字를 쓰기 시작하는 級數
5급	500字	300字	학습용 漢字를 쓰기 시작하는 級數
4급Ⅱ	750字	400字	5級과 4級 漢字의 격차를 줄이기 위한 級數
4급	1,000字	500字	初級에서 中級으로 올라가는 級數
3급Ⅱ	1,500字	750字	4급과 3급 漢字의 격차에 적응하기 위한 級數
3급	1,817字	1,000字	신문 또는 일반 敎養書籍을 읽을 수 있는 수준
2급	2,355字	1,817字	일상 漢字語를 구사할 수 있는 수준
1급	3,500字	2,005字	신문이나 漢字가 섞인 고전을 불편 없이 읽는 수준

❖ **꼭 알아야 할 한자 쓰기의 기본 필순 원칙**
1. 言 (말씀 언) 위에서 아래로 쓴다.
2. 外 (바깥 외) 왼쪽에서 오른쪽으로 쓴다.
3. 十 (열 십) 가로획과 세로획이 만날 때에는 가로획을 먼저 쓴다.
4. 同 (한가지 동) 몸은 안쪽보다 바깥을 먼저 쓴다.
5. 火 (불 화) 바깥을 먼저 쓴다.
6. 水 (물 수) 좌우가 대칭이면 가운데를 먼저 긋고 좌우 순으로 쓴다.
7. 父 (아비 부) (ノ)삐침과 (\)파임이 만날 때는 삐침을 먼저 쓴다.
8. 中 (가운데 중) 가운데를 꿰뚫는 획은 나중에 긋는다.
9. 右 (오른 우) 가로획보다 삐침을 짧게 써야 모양이 나는 것은 삐침을 먼저 쓴다.
10. 左 (왼 좌) 삐침을 가로획보다 길게 써야 모양이 나는 것은 가로획을 먼저 쓴다.
11. 女 (계집 녀) 허리를 긋는 획은 나중에 쓴다.
12. 成 (이룰 성) 犬 (개 견) 오른쪽 위의 '점 주(丶)'는 맨 나중에 찍는다.

# 급수별 문항 및 합격점수

❖ 응시자는 시험 시작 20분 전까지 고사장에 입실하여야 하며 답안작성이 완료된 수험생은 감독관에게 답안지를 제출하고 언제든지 퇴실할 수 있다.

급수	8급	7급	6급Ⅱ	6급	5급	4급Ⅱ	4급	3급Ⅱ	3급	2급	1급
독음(讀音)	24	32	32	33	35	35	32	45	45	45	50
漢字(한자)쓰기	0	0	10	20	20	20	20	30	30	30	40
訓音(훈·음)쓰기	24	30	29	22	23	22	22	27	27	27	32
筆順(필순)	2	2	3	3	3	0	0	0	0	0	0
成句完成(성구완성)	0	2	2	3	4	5	5	10	10	10	15
반의어·상대어	0	2	2	3	3	3	3	10	10	10	10
뜻풀이	0	2	2	2	3	3	3	5	5	5	10
동의어·유의어	0	0	0	2	3	3	3	5	5	5	10
동음이의어	0	0	0	2	3	3	3	5	5	5	10
長短音(장단음)	0	0	0	0	0	0	3	5	5	5	10
部首(부수)	0	0	0	0	0	3	3	5	5	5	10
略字(약자)	0	0	0	0	3	3	3	3	3	3	3
출제문항 수	50	70	80	90	100	100	100	150	150	150	200
합격자 정답 문항 수	35	49	56	63	70	70	70	105	105	105	90
시험시간	50分							60分			90分

* 초등학생은 4급, 중·고등학생은 3급, 대학생은 2급과 1급 취득에 목표를 두고 학습하길 바란다.
* 상위 급수 수험자는 하위 급수 한자를 포함하여 시험 준비를 하여야 한다.
* 쓰기 배정 한자는 한두 급수 아래의 읽기 배정한자에 있거나 그 안의 범위에 있다.
* 시험문항 유형 및 출제 기준은 기본 지침 자료임으로 출제위원의 의도에 따라 변경될 수도 있다.

[혼동하기 쉬운 漢字 미리보기]

1. 門 [문 문]
   間 [사이 간]
   問 [물을 문]
   聞 [들을 문]
   開 [열 개]
   閉 [닫을 폐]
2. 目 [눈 목]
   自 [스스로 자]
   白 [흰 백]
   百 [일백 백]
3. 老 [늙을 로]
   孝 [효도 효]
4. 九 [아홉 구]
   力 [힘 력]
5. 小 [작을 소]
   少 [적을 소]
6. 車 [수레 차/거]
   軍 [군사 군]
7. 母 [어미 모]
   每 [매양 매]
8. 史 [사기 사]
   使 [하여금/부릴 사]
   便 [편할 편/똥오줌 변]
9. 主 [주인 주]
   住 [살 주]
   注 [부을 주]
10. 水 [물 수]
    氷 [얼음 빙]
    永 [길 영]
    泳 [헤엄칠 영]
11. 書 [글 서]
    晝 [낮 주]
    畫 [그림 화]
12. 寺 [절 사]
    待 [기다릴 대]
    特 [특별할 특]
13. 作 [지을 작]
    昨 [어제 작]
14. 色 [빛 색]
    邑 [고을 읍]

1. 기본 부수한자 총 214字 중 1단계 [111字]

＊부수한자의 획수와 명칭을 바르게 기억하세요.

부수	명칭	부수	명칭	부수	명칭	부수	명칭
	1 획	ム	사사 사	弋	주살 익	气	기운 기
一	한 일	又	또 우	弓	활 궁	水(氵)	물 수
丨	뚫을 곤		3 획	彐(彑)	돼지머리 계	火(灬)	불 화
丶	점 주	口	입 구	彡	터럭 삼	爪(爫)	손톱 조
丿	삐침 별	囗	나라 국(에울 위)	彳	자축거릴 척	父	아비 부
乙	새 을	土	흙 토		4 획	爻	점괘 효
亅	갈고리 궐	士	선비 사	心(忄)	마음 심	爿	나무조각 장
	2 획	夂	뒤져올 치	戈	창 과	片	조각 편
二	두 이	夊	천천히걸을 쇠	戶	지게 호	牙	어금니 아
亠	머리부분 두	夕	저녁 석	手(扌)	손 수	牛	소 우
人(亻)	사람 인	大	큰 대	支	지탱할 지	犬(犭)	개 견
儿	어진사람 인	女	계집 녀	攴(攵)	칠 복		5 획
入	들 입	子	아들 자	文	글월 문	玄	검을 현
八	여덟 팔	宀	집 면	斗	말 두	玉(王)	구슬 옥
冂	멀 경	寸	마디 촌	斤	도끼 근	瓜	외 과
冖	덮을 멱	小	작을 소	方	모 방	瓦	기와 와
冫	얼음 빙	尢	절름발이 왕	无	없을 무	甘	달 감
几	안석 궤	尸	주검 시	日	날 일	生	날 생
凵	입벌릴 감	屮	싹날 철(왼손좌)	曰	가로 왈	用	쓸 용
刀(刂)	칼 도	山	메 산	月	달 월	田	밭 전
力	힘 력	巛(川)	내 천	木	나무 목	疋	필 필(발 소)
勹	쌀 포	工	장인 공	欠	하품 흠	疒	병들어기댈 녁
匕	비수 비	己	몸 기	止	그칠 지	癶	필 발
匚	상자 방	巾	수건 건	歹	살발린뼈 알	白	흰 백
匸	감출 혜	干	방패 간	殳	창 수	皮	가죽 피
十	열 십	幺	작을 요	毋	말 무	皿	그릇 명
卜	점 복	广	집 엄	比	견줄 비	目	눈 목
卩(㔾)	병부 절	廴	끌 인	毛	털 모	矛	창 모
厂	언덕 한	廾	받들 공	氏	각시 씨(성 씨)	矢	화살 시

2. 기본 부수한자 총 214字 중 2단계 [103字]

*부수한자의 획수와 명칭을 바르게 기억하세요.

부수	명칭	부수	명칭	부수	명칭	부수	명칭
5 획		色	빛 색	8 획		鬲	오지병격.솥력
石	돌 석	艸(艹)	풀 초	金	쇠 금(성 김)	鬼	귀신 귀
示(礻)	보일 시	虍	범 호	長	긴 장	11 획	
禸	발자국 유	虫	벌레 충(훼)	門	문 문	魚	물고기 어
禾	벼 화	血	피 혈	阜(阝)	언덕 부	鳥	새 조
穴	구멍 혈	行	다닐 행	隶	밑 이	鹵	소금 로
立	설 립	衣(衤)	옷 의	隹	새 추	鹿	사슴 록
6 획		襾	덮을 아	雨	비 우	麥	보리 맥
竹	대 죽	7 획		青	푸를 청	麻	삼 마
米	쌀 미	見	볼 견	非	아닐 비	12 획	
糸	실 사	角	뿔 각	9 획		黃	누를 황
缶	장군 부	言	말씀 언	面	얼굴 면	黍	기장 서
网(罒)	그물 망	谷	골 곡	革	가죽 혁	黑	검을 흑
羊	양 양	豆	콩 두	韋	다룸가죽 위	黹	바느질할 치
羽	깃 우	豕	돼지 시	韭	부추 구	13 획	
老(耂)	늙을 로	豸	발없는벌레 치	音	소리 음	黽	맹꽁이 맹(민)
而	말이을 이	貝	조개 패	頁	머리 혈	鼎	솥 정
耒	쟁기 뢰	赤	붉을 적	風	바람 풍	鼓	북 고
耳	귀 이	走	달릴 주	飛	날 비	鼠	쥐 서
聿	붓 율	足	발 족	食	밥 식	14 획	
肉(月)	고기 육(육달월)	身	몸 신	首	머리 수	鼻	코 비
臣	신하 신	車	수레 차(거)	香	향기 향	齊	가지런할 제
自	스스로 자	辛	매울 신	10 획		15 획	
至	이를 지	辰	별 진(날 신)	馬	말 마	齒	이 치
臼	절구 구	辵(辶)	쉬엄쉬엄갈 착	骨	뼈 골	16 획	
舌	혀 설	邑(阝)	고을 읍	高	높을 고	龍	용 룡
舛	어그러질 천	酉	닭 유	髟	긴털드리울 표	龜	거북 구(귀), (균)
舟	배 주	采	분별할 변	鬥	싸움 투(두)	17 획	
艮	괘이름 간	里	마을 리	鬯	울창주 창	龠	피리 약

1장

漢字 8급~1급까지 총 3,500字
급수별 배정한자 쓰기 노트

[초급단계] 초등학생 과정
- 8급 : 배정한자　　　 50字 쓰기
- 7급 : 배정한자　　　150字 쓰기
- 6급 : 배정한자　　　300字 쓰기
- 5급 : 배정한자　　　500字 쓰기
- 준4급 : 배정한자　　750字 쓰기
- 4급 : 배정한자　 1,000字 쓰기

[중급단계] 중·고학생 과정
- 준3급 : 배정한자 1,500字 쓰기
- 3급 : 배정한자　 1,817字 쓰기

[고급단계] 대학생 및 일반인 과정
- 2급 : 배정한자　 2,355字 쓰기
- 1급 : 배정한자　 3,500字 쓰기

8급~1급 총 3,500자 급수별 漢字쓰기 노트 [1]

▶ 아래 쓰기漢字 위를 연필로 다 쓰고 나서 다시 그 위로 천천히 펜으로 써보세요.

한자	급수	훈·음	쓰기1	쓰기2	쓰기3	한자	급수	훈·음	쓰기1	쓰기2	쓰기3
校	8급	학교 교				四	8급	넉 사			
敎	8급	가르칠 교				山	8급	메 산			
九	8급	아홉 구				三	8급	석 삼			
國	8급	나라 국				生	8급	날 생			
軍	8급	군사 군				西	8급	서녘 서			
金	8급	쇠 금/성 김				先	8급	먼저 선			
南	8급	남녘 남				小	8급	작을 소			
女	8급	계집 녀				水	8급	물 수			
年	8급	해 년				室	8급	집 실			
大	8급	큰 대				十	8급	열 십			
東	8급	동녘 동				五	8급	다섯 오			
六	8급	여섯 륙				王	8급	임금 왕			
萬	8급	일만 만				外	8급	바깥 외			
母	8급	어미 모				月	8급	달 월			
木	8급	나무 목				二	8급	두 이			
門	8급	문 문				人	8급	사람 인			
民	8급	백성 민				一	8급	한 일			
白	8급	흰 백				日	8급	날 일			
父	8급	아비 부				長	8급	긴 장			
北	8급	북녘 북/달아날 배				弟	8급	아우 제			

8급~1급 총 3,500자 급수별 漢字쓰기 노트 [2]

▶ 아래 쓰기漢字 위를 연필로 다 쓰고 나서 다시 그 위로 천천히 펜으로 써보세요.

한자	급수	훈·음	쓰기1	쓰기2	쓰기3	한자	급수	훈·음	쓰기1	쓰기2	쓰기3
中	8급	가운데 중	中	中	中	氣	7급	기운 기	氣	氣	氣
靑	8급	푸를 청	靑	靑	靑	男	7급	사내 남	男	男	男
寸	8급	마디 촌	寸	寸	寸	內	7급	안 내	內	內	內
七	8급	일곱 칠	七	七	七	農	7급	농사 농	農	農	農
土	8급	흙 토	土	土	土	答	7급	대답 답	答	答	答
八	8급	여덟 팔	八	八	八	道	7급	길 도	道	道	道
學	8급	배울 학	學	學	學	冬	7급	겨울 동	冬	冬	冬
韓	8급	한국/나라 한	韓	韓	韓	同	7급	한가지 동	同	同	同
兄	8급	형 형	兄	兄	兄	洞	7급	골 동/통할 통	洞	洞	洞
火	8급	불 화	火	火	火	動	7급	움직일 동	動	動	動
家	7급	집 가	家	家	家	登	7급	오를 등	登	登	登
歌	7급	노래 가	歌	歌	歌	來	7급	올 래	來	來	來
間	7급	사이 간	間	間	間	力	7급	힘 력	力	力	力
江	7급	강 강	江	江	江	老	7급	늙을 로	老	老	老
車	7급	수레 거/차	車	車	車	里	7급	마을 리	里	里	里
工	7급	장인 공	工	工	工	林	7급	수풀 림	林	林	林
空	7급	빌 공	空	空	空	立	7급	설 립	立	立	立
口	7급	입 구	口	口	口	每	7급	매양 매	每	每	每
旗	7급	기 기	旗	旗	旗	面	7급	낯 면	面	面	面
記	7급	기록할 기	記	記	記	名	7급	이름 명	名	名	名

8급~1급 총 3,500자 급수별 漢字쓰기 노트 [3]

▶ 아래 쓰기漢字 위를 연필로 다 쓰고 나서 다시 그 위로 천천히 펜으로 써보세요.

한자	급수	훈·음	쓰기1	쓰기2	쓰기3	한자	급수	훈·음	쓰기1	쓰기2	쓰기3
命	7급	목숨 명	命	命	命	時	7급	때 시	時	時	時
文	7급	글월 문	文	文	文	食	7급	밥/먹을 식	食	食	食
問	7급	물을 문	問	問	問	植	7급	심을 식	植	植	植
物	7급	물건 물	物	物	物	心	7급	마음 심	心	心	心
方	7급	모 방	方	方	方	安	7급	편안 안	安	安	安
百	7급	일백 백	百	百	百	語	7급	말씀 어	語	語	語
夫	7급	지아비 부	夫	夫	夫	然	7급	그럴 연	然	然	然
不	7급	아니 부/불	不	不	不	午	7급	낮 오	午	午	午
事	7급	일 사	事	事	事	右	7급	오른 우	右	右	右
算	7급	셈 산	算	算	算	有	7급	있을 유	有	有	有
上	7급	위 상	上	上	上	育	7급	기를 육	育	育	育
色	7급	빛 색	色	色	色	邑	7급	고을 읍	邑	邑	邑
夕	7급	저녁 석	夕	夕	夕	入	7급	들 입	入	入	入
姓	7급	성 성	姓	姓	姓	子	7급	아들 자	子	子	子
世	7급	인간 세	世	世	世	字	7급	글자 자	字	字	字
少	7급	적을 소	少	少	少	自	7급	스스로 자	自	自	自
所	7급	바 소	所	所	所	場	7급	마당 장	場	場	場
手	7급	손 수	手	手	手	全	7급	온전 전	全	全	全
數	7급	셈 수	數	數	數	前	7급	앞 전	前	前	前
市	7급	저자 시	市	市	市	電	7급	번개 전	電	電	電

8급~1급 총 3,500자 급수별 漢字쓰기 노트 [4]

▶▶▶▶▶▶▶ 아래 쓰기漢字 위를 연필로 다 쓰고 나서 다시 그 위로 천천히 펜으로 써보세요.

한자	급수	훈·음	쓰기 1	쓰기 2	쓰기 3	한자	급수	훈·음	쓰기 1	쓰기 2	쓰기 3
正	7급	바를 정	正	正	正	下	7급	아래 하	下	下	下
祖	7급	할아비 조	祖	祖	祖	夏	7급	여름 하	夏	夏	夏
足	7급	발 족	足	足	足	漢	7급	한수/한나라 한	漢	漢	漢
左	7급	왼 좌	左	左	左	海	7급	바다 해	海	海	海
主	7급	주인 주	主	主	主	花	7급	꽃 화	花	花	花
住	7급	살 주	住	住	住	話	7급	말씀 화	話	話	話
重	7급	무거울 중	重	重	重	活	7급	살 활	活	活	活
地	7급	땅 지	地	地	地	孝	7급	효도 효	孝	孝	孝
紙	7급	종이 지	紙	紙	紙	後	7급	뒤 후	後	後	後
直	7급	곧을 직	直	直	直	休	7급	쉴 휴	休	休	休
川	7급	내 천	川	川	川	各	6급	각각 각	各	各	各
千	7급	일천 천	千	千	千	角	6급	뿔 각	角	角	角
天	7급	하늘 천	天	天	天	感	6급	느낄 감	感	感	感
草	7급	풀 초	草	草	草	強	6급	강할 강	強	強	強
村	7급	마을 촌	村	村	村	開	6급	열 개	開	開	開
秋	7급	가을 추	秋	秋	秋	京	6급	서울 경	京	京	京
春	7급	봄 춘	春	春	春	計	6급	셀 계	計	計	計
出	7급	날 출	出	出	出	界	6급	지경 계	界	界	界
便	7급	편할 편/똥오줌 변	便	便	便	高	6급	높을 고	高	高	高
平	7급	평평할 평	平	平	平	苦	6급	쓸 고	苦	苦	苦

8급~1급 총 3,500자 급수별 漢字쓰기 노트 [5]

▶ 아래 쓰기漢字 위를 연필로 다 쓰고 나서 다시 그 위로 천천히 펜으로 써보세요.

한자	급수	훈·음	쓰기 1	쓰기 2	쓰기 3	한자	급수	훈·음	쓰기 1	쓰기 2	쓰기 3
古	6급	예 고	古	古	古	代	6급	대신 대	代	代	代
功	6급	공 공	功	功	功	對	6급	대할 대	對	對	對
公	6급	공평할 공	公	公	公	圖	6급	그림 도	圖	圖	圖
共	6급	한가지 공	共	共	共	度	6급	법도 도/헤아릴 탁	度	度	度
科	6급	과목 과	科	科	科	讀	6급	읽을 독/구절 두	讀	讀	讀
果	6급	실과 과	果	果	果	童	6급	아이 동	童	童	童
光	6급	빛 광	光	光	光	頭	6급	머리 두	頭	頭	頭
交	6급	사귈 교	交	交	交	等	6급	무리 등	等	等	等
球	6급	공 구	球	球	球	樂	6급	즐길 락/노래 악/좋아할 요	樂	樂	樂
區	6급	구분할 구	區	區	區	路	6급	길 로	路	路	路
郡	6급	고을 군	郡	郡	郡	綠	6급	푸를 록	綠	綠	綠
近	6급	가까울 근	近	近	近	例	6급	법식 례	例	例	例
根	6급	뿌리 근	根	根	根	禮	6급	예도 례	禮	禮	禮
今	6급	이제 금	今	今	今	李	6급	오얏/성 리	李	李	李
級	6급	등급 급	級	級	級	利	6급	이할 리	利	利	利
急	6급	급할 급	急	急	急	理	6급	다스릴 리	理	理	理
多	6급	많을 다	多	多	多	明	6급	밝을 명	明	明	明
短	6급	짧을 단	短	短	短	目	6급	눈 목	目	目	目
堂	6급	집 당	堂	堂	堂	聞	6급	들을 문	聞	聞	聞
待	6급	기다릴 대	待	待	待	米	6급	쌀 미	米	米	米

6급 배정한자 300자 쓰기

8급~1급 총 3,500자 급수별 漢字쓰기 노트 [6]

▶ 아래 쓰기 漢字 위를 연필로 다 쓰고 나서 다시 그 위로 천천히 펜으로 써보세요.

한자	급수	훈·음	쓰기 1	쓰기 2	쓰기 3	한자	급수	훈·음	쓰기 1	쓰기 2	쓰기 3
美	6급	아름다울 미	美	美	美	線	6급	줄 선	線	線	線
朴	6급	성 박	朴	朴	朴	雪	6급	눈 설	雪	雪	雪
班	6급	나눌 반	班	班	班	省	6급	살필 성/덜 생	省	省	省
反	6급	돌이킬 반	反	反	反	成	6급	이룰 성	成	成	成
半	6급	반 반	半	半	半	消	6급	사라질 소	消	消	消
發	6급	필 발	發	發	發	速	6급	빠를 속	速	速	速
放	6급	놓을 방	放	放	放	孫	6급	손자 손	孫	孫	孫
番	6급	차례 번	番	番	番	樹	6급	나무 수	樹	樹	樹
別	6급	다를/나눌 별	別	別	別	術	6급	재주 술	術	術	術
病	6급	병 병	病	病	病	習	6급	익힐 습	習	習	習
服	6급	옷 복	服	服	服	勝	6급	이길 승	勝	勝	勝
本	6급	근본 본	本	本	本	始	6급	비로소 시	始	始	始
部	6급	떼 부	部	部	部	式	6급	법 식	式	式	式
分	6급	나눌 분	分	分	分	神	6급	귀신 신	神	神	神
社	6급	모일 사	社	社	社	身	6급	몸 신	身	身	身
死	6급	죽을 사	死	死	死	信	6급	믿을 신	信	信	信
使	6급	하여금 사/부릴 사	使	使	使	新	6급	새 신	新	新	新
書	6급	글 서	書	書	書	失	6급	잃을 실	失	失	失
石	6급	돌 석	石	石	石	愛	6급	사랑 애	愛	愛	愛
席	6급	자리 석	席	席	席	野	6급	들 야	野	野	野

8급~1급 총 3,500자 급수별 漢字쓰기 노트 [7]

▶ 아래 쓰기漢字 위를 연필로 다 쓰고 나서 다시 그 위로 천천히 펜으로 써보세요.

한자	급수	훈·음	쓰기 1	쓰기 2	쓰기 3	한자	급수	훈·음	쓰기 1	쓰기 2	쓰기 3
夜	6급	밤 야	夜	夜	夜	意	6급	뜻 의	意	意	意
藥	6급	약 약	藥	藥	藥	衣	6급	옷 의	衣	衣	衣
弱	6급	약할 약	弱	弱	弱	醫	6급	의원 의	醫	醫	醫
陽	6급	볕 양	陽	陽	陽	者	6급	놈 자	者	者	者
洋	6급	큰바다 양	洋	洋	洋	昨	6급	어제 작	昨	昨	昨
言	6급	말씀 언	言	言	言	作	6급	지을 작	作	作	作
業	6급	업 업	業	業	業	章	6급	글 장	章	章	章
永	6급	길 영	永	永	永	在	6급	있을 재	在	在	在
英	6급	꽃부리 영	英	英	英	才	6급	재주 재	才	才	才
溫	6급	따뜻할 온	溫	溫	溫	戰	6급	싸움 전	戰	戰	戰
勇	6급	날랠 용	勇	勇	勇	庭	6급	뜰 정	庭	庭	庭
用	6급	쓸 용	用	用	用	定	6급	정할 정	定	定	定
運	6급	옮길 운	運	運	運	題	6급	제목 제	題	題	題
園	6급	동산 원	園	園	園	第	6급	차례 제	第	第	第
遠	6급	멀 원	遠	遠	遠	朝	6급	아침 조	朝	朝	朝
油	6급	기름 유	油	油	油	族	6급	겨레 족	族	族	族
由	6급	말미암을 유	由	由	由	晝	6급	낮 주	晝	晝	晝
銀	6급	은 은	銀	銀	銀	注	6급	부을 주	注	注	注
飮	6급	마실 음	飮	飮	飮	集	6급	모을 집	集	集	集
音	6급	소리 음	音	音	音	窓	6급	창 창	窓	窓	窓

8급~1급 총 3,500자 급수별 漢字쓰기 노트 [8]

▶ 아래 쓰기漢字 위를 연필로 다 쓰고 나서 다시 그 위로 천천히 펜으로 써보세요.

한자	급수	훈·음	쓰기 1	쓰기 2	쓰기 3	한자	급수	훈·음	쓰기 1	쓰기 2	쓰기 3
淸	6급	맑을 청	淸	淸	淸	價	5급	값 가	價	價	價
體	6급	몸 체	體	體	體	加	5급	더할 가	加	加	加
親	6급	친할 친	親	親	親	可	5급	옳을 가	可	可	可
太	6급	클 태	太	太	太	改	5급	고칠 개	改	改	改
通	6급	통할 통	通	通	通	客	5급	손 객	客	客	客
特	6급	특별할 특	特	特	特	去	5급	갈 거	去	去	去
表	6급	겉 표	表	表	表	擧	5급	들 거	擧	擧	擧
風	6급	바람 풍	風	風	風	健	5급	굳셀 건	健	健	健
合	6급	합할 합	合	合	合	件	5급	물건 건	件	件	件
行	6급	다닐 행/항렬 항	行	行	行	建	5급	세울 건	建	建	建
幸	6급	다행 행	幸	幸	幸	格	5급	격식 격	格	格	格
向	6급	향할 향	向	向	向	見	5급	볼견/뵐 현	見	見	見
現	6급	나타날 현	現	現	現	決	5급	결단할 결	決	決	決
形	6급	모양 형	形	形	形	結	5급	맺을 결	結	結	結
號	6급	이름 호	號	號	號	輕	5급	가벼울 경	輕	輕	輕
畫	6급	그림 화/그을 획	畫	畫	畫	敬	5급	공경 경	敬	敬	敬
和	6급	화할 화	和	和	和	競	5급	다툴 경	競	競	競
黃	6급	누를 황	黃	黃	黃	景	5급	볕 경	景	景	景
會	6급	모일 회	會	會	會	告	5급	고할 고	告	告	告
訓	6급	가르칠 훈	訓	訓	訓	固	5급	굳을 고	固	固	固

8급~1급 총 3,500자 급수별 漢字쓰기 노트 [9]

▶ 아래 쓰기漢字 위를 연필로 다 쓰고 나서 다시 그 위로 천천히 펜으로 써보세요.

한자	급수	훈·음	쓰기 1	쓰기 2	쓰기 3	한자	급수	훈·음	쓰기 1	쓰기 2	쓰기 3
考	5급	생각할 고	考	考	考	吉	5급	길할 길	吉	吉	吉
曲	5급	굽을 곡	曲	曲	曲	念	5급	생각 념	念	念	念
課	5급	공부할 과	課	課	課	能	5급	능할 능	能	能	能
過	5급	지날 과	過	過	過	壇	5급	단 단	壇	壇	壇
關	5급	관계할 관	關	關	關	團	5급	둥글 단	團	團	團
觀	5급	볼 관	觀	觀	觀	談	5급	말씀 담	談	談	談
廣	5급	넓을 광	廣	廣	廣	當	5급	마땅 당	當	當	當
橋	5급	다리 교	橋	橋	橋	德	5급	큰 덕	德	德	德
具	5급	갖출 구	具	具	具	都	5급	도읍 도	都	都	都
救	5급	구원할 구	救	救	救	島	5급	섬 도	島	島	島
舊	5급	예 구	舊	舊	舊	到	5급	이를 도	到	到	到
局	5급	판 국	局	局	局	獨	5급	홀로 독	獨	獨	獨
貴	5급	귀할 귀	貴	貴	貴	落	5급	떨어질 락	落	落	落
規	5급	법 규	規	規	規	朗	5급	밝을 랑	朗	朗	朗
給	5급	줄 급	給	給	給	冷	5급	찰 랭	冷	冷	冷
汽	5급	물끓는김 기	汽	汽	汽	良	5급	어질 량	良	良	良
期	5급	기약할 기	期	期	期	量	5급	헤아릴 량	量	量	量
己	5급	몸 기	己	己	己	旅	5급	나그네 려	旅	旅	旅
技	5급	재주 기	技	技	技	歷	5급	지날 력	歷	歷	歷
基	5급	터 기	基	基	基	練	5급	익힐 련	練	練	練

8급~1급 총 3,500자 급수별 漢字쓰기 노트 [10]

▶ 아래 쓰기漢字 위를 연필로 다 쓰고 나서 다시 그 위로 천천히 펜으로 써보세요.

한자	급수	훈·음	쓰기1	쓰기2	쓰기3	한자	급수	훈·음	쓰기1	쓰기2	쓰기3
領	5급	거느릴 령	領	領	領	費	5급	쓸 비	費	費	費
令	5급	하여금 령	令	令	令	比	5급	견줄 비	比	比	比
勞	5급	일할 로	勞	勞	勞	鼻	5급	코 비	鼻	鼻	鼻
料	5급	헤아릴 료	料	料	料	氷	5급	얼음 빙	氷	氷	氷
類	5급	무리 류	類	類	類	寫	5급	베낄 사	寫	寫	寫
流	5급	흐를 류	流	流	流	査	5급	조사할 사	査	査	査
陸	5급	뭍 륙	陸	陸	陸	史	5급	사기 사	史	史	史
馬	5급	말 마	馬	馬	馬	思	5급	생각 사	思	思	思
末	5급	끝 말	末	末	末	士	5급	선비 사	士	士	士
亡	5급	망할 망	亡	亡	亡	仕	5급	섬길 사	仕	仕	仕
望	5급	바랄 망	望	望	望	産	5급	낳을 산	産	産	産
買	5급	살 매	買	買	買	賞	5급	상줄 상	賞	賞	賞
賣	5급	팔 매	賣	賣	賣	相	5급	서로 상	相	相	相
無	5급	없을 무	無	無	無	商	5급	장사 상	商	商	商
倍	5급	곱 배	倍	倍	倍	序	5급	차례 서	序	序	序
法	5급	법 법	法	法	法	選	5급	가릴 선	選	選	選
變	5급	변할 변	變	變	變	鮮	5급	고울 선	鮮	鮮	鮮
兵	5급	병사 병	兵	兵	兵	船	5급	배 선	船	船	船
福	5급	복 복	福	福	福	仙	5급	신선 선	仙	仙	仙
奉	5급	받을 봉	奉	奉	奉	善	5급	착할 선	善	善	善

8급~1급 총 3,500자 급수별 漢字쓰기 노트 [11]

▶ 아래 쓰기漢字 위를 연필로 다 쓰고 나서 다시 그 위로 천천히 펜으로 써보세요.

한자	급수	훈·음	쓰기 1	쓰기 2	쓰기 3	한자	급수	훈·음	쓰기 1	쓰기 2	쓰기 3
說	5급	말씀 설/달랠 세	說	說	說	熱	5급	더울 열	熱	熱	熱
性	5급	성품 성	性	性	性	葉	5급	잎 엽	葉	葉	葉
洗	5급	씻을 세	洗	洗	洗	屋	5급	집 옥	屋	屋	屋
歲	5급	해 세	歲	歲	歲	完	5급	완전할 완	完	完	完
束	5급	묶을 속	束	束	束	曜	5급	빛날 요	曜	曜	曜
首	5급	머리 수	首	首	首	要	5급	요긴할 요	要	要	要
宿	5급	잘 숙/별자리 수	宿	宿	宿	浴	5급	목욕할 욕	浴	浴	浴
順	5급	순할 순	順	順	順	友	5급	벗 우	友	友	友
示	5급	보일 시	示	示	示	雨	5급	비 우	雨	雨	雨
識	5급	알 식/기록할 지	識	識	識	牛	5급	소 우	牛	牛	牛
臣	5급	신하 신	臣	臣	臣	雲	5급	구름 운	雲	雲	雲
實	5급	열매 실	實	實	實	雄	5급	수컷 웅	雄	雄	雄
兒	5급	아이 아	兒	兒	兒	院	5급	집 원	院	院	院
惡	5급	악할 악/미워할 오	惡	惡	惡	原	5급	언덕 원	原	原	原
案	5급	책상 안	案	案	案	願	5급	원할 원	願	願	願
約	5급	맺을 약	約	約	約	元	5급	으뜸 원	元	元	元
養	5급	기를 양	養	養	養	位	5급	자리 위	位	位	位
魚	5급	물고기 어	魚	魚	魚	偉	5급	클 위	偉	偉	偉
漁	5급	고기잡을 어	漁	漁	漁	耳	5급	귀 이	耳	耳	耳
億	5급	억 억	億	億	億	以	5급	써 이	以	以	以

5급 배정한자 500자 쓰기

8급~1급 총 3,500자 급수별 漢字쓰기 노트 [12]

▶ 아래 쓰기漢字 위를 연필로 다 쓰고 나서 다시 그 위로 천천히 펜으로 써보세요.

한자	급수	훈·음	쓰기1	쓰기2	쓰기3	한자	급수	훈·음	쓰기1	쓰기2	쓰기3
因	5급	인할 인	因	因	因	卒	5급	마칠 졸	卒	卒	卒
任	5급	맡길 임	任	任	任	終	5급	마칠 종	終	終	終
災	5급	재앙 재	災	災	災	種	5급	씨 종	種	種	種
再	5급	두 재	再	再	再	罪	5급	허물 죄	罪	罪	罪
材	5급	재목 재	材	材	材	週	5급	주일 주	週	週	週
財	5급	재물 재	財	財	財	州	5급	고을 주	州	州	州
爭	5급	다툴 쟁	爭	爭	爭	止	5급	그칠 지	止	止	止
貯	5급	쌓을 저	貯	貯	貯	知	5급	알 지	知	知	知
的	5급	과녁 적	的	的	的	質	5급	바탕 질	質	質	質
赤	5급	붉을 적	赤	赤	赤	着	5급	붙을 착	着	着	着
典	5급	법 전	典	典	典	參	5급	참여할 참/석 삼	參	參	參
傳	5급	전할 전	傳	傳	傳	唱	5급	부를 창	唱	唱	唱
展	5급	펼 전	展	展	展	責	5급	꾸짖을 책	責	責	責
切	5급	끊을 절/온통 체	切	切	切	鐵	5급	쇠 철	鐵	鐵	鐵
節	5급	마디 절	節	節	節	初	5급	처음 초	初	初	初
店	5급	가게 점	店	店	店	最	5급	가장 최	最	最	最
情	5급	뜻 정	情	情	情	祝	5급	빌 축	祝	祝	祝
停	5급	머무를 정	停	停	停	充	5급	채울 충	充	充	充
操	5급	잡을 조	操	操	操	致	5급	이를 치	致	致	致
調	5급	고를 조	調	調	調	則	5급	법칙 칙/곧 즉	則	則	則

8급~1급 총 3,500자 급수별 漢字쓰기 노트 [13]

▶ 아래 쓰기漢字 위를 연필로 다 쓰고 나서 다시 그 위로 천천히 펜으로 써보세요.

한자	급수	훈·음	쓰기 1	쓰기 2	쓰기 3	한자	급수	훈·음	쓰기 1	쓰기 2	쓰기 3
他	5급	다를 타	他	他	他	街	준4	거리 가	街	街	街
打	5급	칠 타	打	打	打	假	준4	거짓 가	假	假	假
卓	5급	높을 탁	卓	卓	卓	減	준4	덜 감	減	減	減
炭	5급	숯 탄	炭	炭	炭	監	준4	볼 감	監	監	監
宅	5급	집 택/댁	宅	宅	宅	康	준4	편안 강	康	康	康
板	5급	널 판	板	板	板	講	준4	욀 강	講	講	講
敗	5급	패할 패	敗	敗	敗	個	준4	낱 개	個	個	個
品	5급	물건 품	品	品	品	儉	준4	검사할 검	儉	儉	儉
必	5급	반드시 필	必	必	必	潔	준4	깨끗할 결	潔	潔	潔
筆	5급	붓 필	筆	筆	筆	缺	준4	이지러질 결	缺	缺	缺
河	5급	물 하	河	河	河	慶	준4	경사 경	慶	慶	慶
寒	5급	찰 한	寒	寒	寒	警	준4	깨우칠 경	警	警	警
害	5급	해할 해	害	害	害	境	준4	지경 경	境	境	境
許	5급	허락할 허	許	許	許	經	준4	지날/ 글 경	經	經	經
湖	5급	호수 호	湖	湖	湖	係	준4	맬 계	係	係	係
化	5급	될 화	化	化	化	故	준4	연고 고	故	故	故
患	5급	근심 환	患	患	患	官	준4	벼슬 관	官	官	官
效	5급	본받을 효	效	效	效	求	준4	구할 구	求	求	求
凶	5급	흉할 흉	凶	凶	凶	句	준4	글귀 구	句	句	句
黑	5급	검을 흑	黑	黑	黑	究	준4	연구할 구	究	究	究

8급~1급 총 3,500자 급수별 漢字쓰기 노트 [14]

▶ 아래 쓰기漢字 위를 연필로 다 쓰고 나서 다시 그 위로 천천히 펜으로 써보세요.

한자	급수	훈·음	쓰기1	쓰기2	쓰기3	한자	급수	훈·음	쓰기1	쓰기2	쓰기3
宮	준4	집 궁	宮	宮	宮	督	준4	감독할 독	督	督	督
權	준4	권세 권	權	權	權	毒	준4	독 독	毒	毒	毒
極	준4	극진할 극/다할 극	極	極	極	銅	준4	구리 동	銅	銅	銅
禁	준4	금할 금	禁	禁	禁	斗	준4	말 두	斗	斗	斗
器	준4	그릇 기	器	器	器	豆	준4	콩 두	豆	豆	豆
起	준4	일어날 기	起	起	起	得	준4	얻을 득	得	得	得
暖	준4	따뜻할 난	暖	暖	暖	燈	준4	등 등	燈	燈	燈
難	준4	어려울 난	難	難	難	羅	준4	벌릴 라	羅	羅	羅
怒	준4	성낼 노	怒	怒	怒	兩	준4	두 량	兩	兩	兩
努	준4	힘쓸 노	努	努	努	麗	준4	고울 려	麗	麗	麗
斷	준4	끊을 단	斷	斷	斷	連	준4	이을 련	連	連	連
端	준4	끝 단	端	端	端	列	준4	벌릴 렬	列	列	列
檀	준4	박달나무 단	檀	檀	檀	錄	준4	기록할 록	錄	錄	錄
單	준4	홑 단	單	單	單	論	준4	논할 론	論	論	論
達	준4	통달할 달	達	達	達	留	준4	머무를 류	留	留	留
擔	준4	멜 담	擔	擔	擔	律	준4	법칙 률	律	律	律
黨	준4	무리 당	黨	黨	黨	滿	준4	찰 만	滿	滿	滿
帶	준4	띠 대	帶	帶	帶	脈	준4	줄기 맥	脈	脈	脈
隊	준4	무리 대	隊	隊	隊	毛	준4	털 모	毛	毛	毛
導	준4	인도할 도	導	導	導	牧	준4	칠 목	牧	牧	牧

8급~1급 총 3,500자 급수별 漢字쓰기 노트 [15]

▶ 아래 쓰기漢字 위를 연필로 다 쓰고 나서 다시 그 위로 천천히 펜으로 써보세요.

한자	급수	훈·음	쓰기 1	쓰기 2	쓰기 3	한자	급수	훈·음	쓰기 1	쓰기 2	쓰기 3
武	준4	호반 무	武	武	武	復	준4	회복할 복/다시 부	復	復	復
務	준4	힘쓸 무	務	務	務	府	준4	마을 부/관청 부	府	府	府
味	준4	맛 미	味	味	味	婦	준4	며느리 부	婦	婦	婦
未	준4	아닐 미	未	未	未	副	준4	버금 부	副	副	副
密	준4	빽빽할 밀	密	密	密	富	준4	부자 부	富	富	富
博	준4	넓을 박	博	博	博	佛	준4	부처 불	佛	佛	佛
防	준4	막을 방	防	防	防	備	준4	갖출 비	備	備	備
房	준4	방 방	房	房	房	飛	준4	날 비	飛	飛	飛
訪	준4	찾을 방	訪	訪	訪	悲	준4	슬플 비	悲	悲	悲
配	준4	나눌/짝 배	配	配	配	非	준4	아닐 비	非	非	非
背	준4	등 배	背	背	背	貧	준4	가난할 빈	貧	貧	貧
拜	준4	절 배	拜	拜	拜	謝	준4	사례할 사	謝	謝	謝
罰	준4	벌할 벌	罰	罰	罰	師	준4	스승 사	師	師	師
伐	준4	칠 벌	伐	伐	伐	寺	준4	절 사	寺	寺	寺
壁	준4	벽 벽	壁	壁	壁	舍	준4	집 사	舍	舍	舍
邊	준4	가 변	邊	邊	邊	殺	준4	죽일 살/감할 쇄	殺	殺	殺
報	준4	갚을 보/알릴 보	報	報	報	狀	준4	형상 상/문서 장	狀	狀	狀
步	준4	걸음 보	步	步	步	常	준4	떳떳할 상	常	常	常
寶	준4	보배 보	寶	寶	寶	床	준4	상 상	床	床	床
保	준4	지킬 보	保	保	保	想	준4	생각 상	想	想	想

준4급 배정한자 750字 쓰기

8급~1급 총 3,500자 급수별 漢字쓰기 노트 [16]

▶ 아래 쓰기漢字 위를 연필로 다 쓰고 나서 다시 그 위로 천천히 펜으로 써보세요.

한자	급수	훈·음	쓰기1	쓰기2	쓰기3	한자	급수	훈·음	쓰기1	쓰기2	쓰기3
設	준4	베풀 설	設	設	設	守	준4	지킬 수	守	守	守
星	준4	별 성	星	星	星	純	준4	순수할 순	純	純	純
聖	준4	성인 성	聖	聖	聖	承	준4	이을 승	承	承	承
盛	준4	성할 성	盛	盛	盛	施	준4	베풀 시	施	施	施
聲	준4	소리 성	聲	聲	聲	視	준4	볼 시	視	視	視
城	준4	재 성	城	城	城	詩	준4	시 시	詩	詩	詩
誠	준4	정성 성	誠	誠	誠	試	준4	시험 시	試	試	試
細	준4	가늘 세	細	細	細	是	준4	이 시/옳을 시	是	是	是
稅	준4	세금 세	稅	稅	稅	息	준4	쉴 식	息	息	息
勢	준4	형세 세	勢	勢	勢	申	준4	납 신	申	申	申
素	준4	본디 소/흴[白] 소	素	素	素	深	준4	깊을 심	深	深	深
掃	준4	쓸 소	掃	掃	掃	眼	준4	눈 안	眼	眼	眼
笑	준4	웃음 소	笑	笑	笑	暗	준4	어두울 암	暗	暗	暗
續	준4	이을 속	續	續	續	壓	준4	누를 압	壓	壓	壓
俗	준4	풍속 속	俗	俗	俗	液	준4	진 액	液	液	液
送	준4	보낼 송	送	送	送	羊	준4	양 양	羊	羊	羊
收	준4	거둘 수	收	收	收	如	준4	같을 여	如	如	如
修	준4	닦을 수	修	修	修	餘	준4	남을 여	餘	餘	餘
受	준4	받을 수	受	受	受	逆	준4	거스릴 역	逆	逆	逆
授	준4	줄 수	授	授	授	演	준4	펼 연	演	演	演

8급~1급 총 3,500자 급수별 漢字쓰기 노트 [17]

▶ 아래 쓰기漢字 위를 연필로 다 쓰고 나서 다시 그 위로 천천히 펜으로 써보세요.

한자	급수	훈·음	쓰기 1	쓰기 2	쓰기 3	한자	급수	훈·음	쓰기 1	쓰기 2	쓰기 3
研	준4	갈 연	研	研	研	益	준4	더할 익	益	益	益
煙	준4	연기 연	煙	煙	煙	引	준4	끌 인	引	引	引
榮	준4	영화 영	榮	榮	榮	印	준4	도장 인	印	印	印
藝	준4	재주 예	藝	藝	藝	認	준4	알 인	認	認	認
誤	준4	그르칠 오	誤	誤	誤	障	준4	막을 장	障	障	障
玉	준4	구슬 옥	玉	玉	玉	將	준4	장수 장	將	將	將
往	준4	갈 왕	往	往	往	低	준4	낮을 저	低	低	低
謠	준4	노래 요	謠	謠	謠	敵	준4	대적할 적	敵	敵	敵
容	준4	얼굴 용	容	容	容	田	준4	밭 전	田	田	田
圓	준4	둥글 원	圓	圓	圓	絶	준4	끊을 절	絶	絶	絶
員	준4	인원 원	員	員	員	接	준4	이을 접	接	接	接
衛	준4	지킬 위	衛	衛	衛	程	준4	한도/길 정	程	程	程
爲	준4	하 위/ 할 위	爲	爲	爲	政	준4	정사 정	政	政	政
肉	준4	고기 육	肉	肉	肉	精	준4	정할 정	精	精	精
恩	준4	은혜 은	恩	恩	恩	濟	준4	건널 제	濟	濟	濟
陰	준4	그늘 음	陰	陰	陰	提	준4	끌 제	提	提	提
應	준4	응할 응	應	應	應	制	준4	절제할 제	制	制	制
義	준4	옳을 의	義	義	義	際	준4	즈음/ 가 제	際	際	際
議	준4	의논할 의	議	議	議	除	준4	덜 제	除	除	除
移	준4	옮길 이	移	移	移	祭	준4	제사 제	祭	祭	祭

준4급 배정한자 750자 쓰기

8급~1급 총 3,500자 급수별 漢字쓰기 노트 [18]

▶ 아래 쓰기漢字 위를 연필로 다 쓰고 나서 다시 그 위로 천천히 펜으로 써보세요.

한자	급수	훈·음	쓰기 1	쓰기 2	쓰기 3	한자	급수	훈·음	쓰기 1	쓰기 2	쓰기 3
製	준4	지을 제	製	製	製	察	준4	살필 찰	察	察	察
助	준4	도울 조	助	助	助	創	준4	비롯할 창	創	創	創
鳥	준4	새 조	鳥	鳥	鳥	處	준4	곳 처	處	處	處
早	준4	이를 조	早	早	早	請	준4	청할 청	請	請	請
造	준4	지을 조	造	造	造	總	준4	다 총	總	總	總
尊	준4	높을 존	尊	尊	尊	銃	준4	총 총	銃	銃	銃
宗	준4	마루 종	宗	宗	宗	蓄	준4	모을 축	蓄	蓄	蓄
走	준4	달릴 주	走	走	走	築	준4	쌓을 축	築	築	築
竹	준4	대 죽	竹	竹	竹	蟲	준4	벌레 충	蟲	蟲	蟲
準	준4	준할 준	準	準	準	忠	준4	충성 충	忠	忠	忠
衆	준4	무리 중	衆	衆	衆	取	준4	가질 취	取	取	取
增	준4	더할 증	增	增	增	測	준4	헤아릴 측	測	測	測
指	준4	가리킬 지	指	指	指	治	준4	다스릴 치	治	治	治
志	준4	뜻 지	志	志	志	置	준4	둘 치	置	置	置
至	준4	이를 지	至	至	至	齒	준4	이 치	齒	齒	齒
支	준4	지탱할 지	支	支	支	侵	준4	침노할 침	侵	侵	侵
職	준4	직분 직	職	職	職	快	준4	쾌할 쾌	快	快	快
進	준4	나아갈 진	進	進	進	態	준4	모습 태	態	態	態
眞	준4	참 진	眞	眞	眞	統	준4	거느릴 통	統	統	統
次	준4	버금 차	次	次	次	退	준4	물러날 퇴	退	退	退

8급~1급 총 3,500자 급수별 漢字쓰기 노트 [19]

▶ 아래 쓰기漢字 위를 연필로 다 쓰고 나서 다시 그 위로 천천히 펜으로 써보세요.

한자	급수	훈·음	쓰기 1	쓰기 2	쓰기 3	한자	급수	훈·음	쓰기 1	쓰기 2	쓰기 3
破	준4	깨뜨릴 파	破	破	破	護	준4	도울 호	護	護	護
波	준4	물결 파	波	波	波	呼	준4	부를 호	呼	呼	呼
砲	준4	대포 포	砲	砲	砲	戶	준4	집 호	戶	戶	戶
布	준4	베/펼 포/보시 보	布	布	布	好	준4	좋을 호	好	好	好
包	준4	쌀 포	包	包	包	貨	준4	재물 화	貨	貨	貨
暴	준4	사나울 폭/모질 포	暴	暴	暴	確	준4	굳을 확	確	確	確
票	준4	표 표	票	票	票	回	준4	돌아올 회	回	回	回
豊	준4	풍년 풍	豊	豊	豊	吸	준4	마실 흡	吸	吸	吸
限	준4	한할 한	限	限	限	興	준4	일 흥	興	興	興
航	준4	배 항	航	航	航	希	준4	바랄 희	希	希	希
港	준4	항구 항	港	港	港	暇	4급	틈/겨를 가	暇	暇	暇
解	준4	풀 해	解	解	解	覺	4급	깨달을 각	覺	覺	覺
鄕	준4	시골 향	鄕	鄕	鄕	刻	4급	새길 각	刻	刻	刻
香	준4	향기 향	香	香	香	簡	4급	대쪽 간/간략할 간	簡	簡	簡
虛	준4	빌 허	虛	虛	虛	干	4급	방패 간	干	干	干
驗	준4	시험 험	驗	驗	驗	看	4급	볼 간	看	看	看
賢	준4	어질 현	賢	賢	賢	敢	4급	감히 감/구태여 감	敢	敢	敢
血	준4	피 혈	血	血	血	甘	4급	달 감	甘	甘	甘
協	준4	화할 협	協	協	協	甲	4급	갑옷 갑	甲	甲	甲
惠	준4	은혜 혜	惠	惠	惠	降	4급	내릴 강/항복할 항	降	降	降

4급 배정한자 1,000자 쓰기

8급~1급 총 3,500자 급수별 漢字쓰기 노트 [20]

▶ 아래 쓰기漢字 위를 연필로 다 쓰고 나서 다시 그 위로 천천히 펜으로 써보세요.

한자	급수	훈·음	쓰기1	쓰기2	쓰기3	한자	급수	훈·음	쓰기1	쓰기2	쓰기3
更	4급	다시 갱/고칠 경				庫	4급	곳집 고			
據	4급	근거 거				孤	4급	외로울 고			
拒	4급	막을 거				穀	4급	곡식 곡			
居	4급	살 거				困	4급	곤할 곤			
巨	4급	클 거				骨	4급	뼈 골			
傑	4급	뛰어날 걸				孔	4급	구멍 공			
儉	4급	검소할 검				攻	4급	칠 공			
激	4급	격할 격				管	4급	대롱 관/주관할 관			
擊	4급	칠 격				鑛	4급	쇳돌 광			
犬	4급	개 견				構	4급	얽을 구			
堅	4급	굳을 견				群	4급	무리 군			
鏡	4급	거울 경				君	4급	임금 군			
傾	4급	기울 경				屈	4급	굽힐 굴			
驚	4급	놀랄 경				窮	4급	다할/궁할 궁			
戒	4급	경계할 계				勸	4급	권할 권			
季	4급	계절 계				券	4급	문서 권			
鷄	4급	닭 계				卷	4급	책 권			
階	4급	섬돌 계				歸	4급	돌아갈 귀			
系	4급	이어맬 계				均	4급	고를 균			
繼	4급	이을 계				劇	4급	심할 극			

8급~1급 총 3,500자 급수별 漢字쓰기 노트 [21]

▶ 아래 쓰기漢字 위를 연필로 다 쓰고 나서 다시 그 위로 천천히 펜으로 써보세요.

한자	급수	훈·음	쓰기 1	쓰기 2	쓰기 3	한자	급수	훈·음	쓰기 1	쓰기 2	쓰기 3
勤	4급	부지런할 근	勤	勤	勤	輪	4급	바퀴 륜	輪	輪	輪
筋	4급	힘줄 근	筋	筋	筋	離	4급	떠날 리	離	離	離
奇	4급	기특할 기	奇	奇	奇	妹	4급	누이 매	妹	妹	妹
紀	4급	벼리 기	紀	紀	紀	勉	4급	힘쓸 면	勉	勉	勉
寄	4급	부칠 기	寄	寄	寄	鳴	4급	울 명	鳴	鳴	鳴
機	4급	틀 기	機	機	機	模	4급	본뜰 모	模	模	模
納	4급	들일 납	納	納	納	妙	4급	묘할 묘	妙	妙	妙
段	4급	층계 단	段	段	段	墓	4급	무덤 묘	墓	墓	墓
盜	4급	도둑 도	盜	盜	盜	舞	4급	춤출 무	舞	舞	舞
逃	4급	도망할 도	逃	逃	逃	拍	4급	칠 박	拍	拍	拍
徒	4급	무리 도	徒	徒	徒	髮	4급	터럭 발	髮	髮	髮
亂	4급	어지러울 란	亂	亂	亂	妨	4급	방해할 방	妨	妨	妨
卵	4급	알 란	卵	卵	卵	犯	4급	범할 범	犯	犯	犯
覽	4급	볼 람	覽	覽	覽	範	4급	법 범	範	範	範
略	4급	간략할 략/약할 략	略	略	略	辯	4급	말씀 변	辯	辯	辯
糧	4급	양식 량	糧	糧	糧	普	4급	넓을 보	普	普	普
慮	4급	생각할 려	慮	慮	慮	複	4급	겹칠 복	複	複	複
烈	4급	매울 렬	烈	烈	烈	伏	4급	엎드릴 복	伏	伏	伏
龍	4급	용 룡	龍	龍	龍	否	4급	아닐 부	否	否	否
柳	4급	버들 류	柳	柳	柳	負	4급	질 부	負	負	負

8급~1급 총 3,500자 급수별 漢字쓰기 노트 [22]

▶▶▶▶▶▶ ▶ 아래 쓰기漢字 위를 연필로 다 쓰고 나서 다시 그 위로 천천히 펜으로 써보세요.

한자	급수	훈·음	쓰기 1	쓰기 2	쓰기 3	한자	급수	훈·음	쓰기 1	쓰기 2	쓰기 3
粉	4급	가루 분	粉	粉	粉	肅	4급	엄숙할 숙	肅	肅	肅
憤	4급	분할 분	憤	憤	憤	崇	4급	높을 숭	崇	崇	崇
碑	4급	비석 비	碑	碑	碑	氏	4급	성/각시 씨	氏	氏	氏
批	4급	비평할 비	批	批	批	額	4급	이마 액	額	額	額
祕	4급	숨길 비	祕	祕	祕	樣	4급	모양 양	樣	樣	樣
辭	4급	말씀 사	辭	辭	辭	嚴	4급	엄할 엄	嚴	嚴	嚴
私	4급	사사 사	私	私	私	與	4급	더불/줄 여	與	與	與
絲	4급	실 사	絲	絲	絲	易	4급	바꿀 역/쉬울 이	易	易	易
射	4급	쏠 사	射	射	射	域	4급	지경 역	域	域	域
散	4급	흩을 산	散	散	散	鉛	4급	납 연	鉛	鉛	鉛
傷	4급	다칠 상	傷	傷	傷	延	4급	늘일 연	延	延	延
象	4급	코끼리 상	象	象	象	緣	4급	인연 연	緣	緣	緣
宣	4급	베풀 선	宣	宣	宣	燃	4급	탈 연	燃	燃	燃
舌	4급	혀 설	舌	舌	舌	營	4급	경영할 영	營	營	營
屬	4급	붙일 속	屬	屬	屬	迎	4급	맞을 영	迎	迎	迎
損	4급	덜 손	損	損	損	映	4급	비칠 영	映	映	映
松	4급	소나무 송	松	松	松	豫	4급	미리 예	豫	豫	豫
頌	4급	칭송할 송/기릴 송	頌	頌	頌	優	4급	넉넉할 우	優	優	優
秀	4급	빼어날 수	秀	秀	秀	遇	4급	만날 우	遇	遇	遇
叔	4급	아재비 숙	叔	叔	叔	郵	4급	우편 우	郵	郵	郵

8급~1급 총 3,500자 급수별 漢字쓰기 노트 [23]

▶ 아래 쓰기漢字 위를 연필로 다 쓰고 나서 다시 그 위로 천천히 펜으로 써보세요.

한자	급수	훈·음	쓰기 1	쓰기 2	쓰기 3	한자	급수	훈·음	쓰기 1	쓰기 2	쓰기 3
源	4급	근원 원	源	源	源	資	4급	재물 자	資	資	資
援	4급	도울 원	援	援	援	殘	4급	남을 잔	殘	殘	殘
怨	4급	원망할 원	怨	怨	怨	雜	4급	섞일 잡	雜	雜	雜
委	4급	맡길 위	委	委	委	裝	4급	꾸밀 장	裝	裝	裝
圍	4급	에워쌀 위	圍	圍	圍	張	4급	베풀 장	張	張	張
慰	4급	위로할 위	慰	慰	慰	奬	4급	장려할 장	奬	奬	奬
威	4급	위험 위	威	威	威	帳	4급	장막 장	帳	帳	帳
危	4급	위태할 위	危	危	危	壯	4급	장할 장	壯	壯	壯
遺	4급	남길 유	遺	遺	遺	腸	4급	창자 장	腸	腸	腸
遊	4급	놀 유	遊	遊	遊	底	4급	밑 저	底	底	底
儒	4급	선비 유	儒	儒	儒	績	4급	길쌈 적	績	績	績
乳	4급	젖 유	乳	乳	乳	賊	4급	도둑 적	賊	賊	賊
隱	4급	숨을 은	隱	隱	隱	適	4급	맞을 적	適	適	適
儀	4급	거동 의	儀	儀	儀	籍	4급	문서 적	籍	籍	籍
疑	4급	의심할 의	疑	疑	疑	積	4급	쌓을 적	積	積	積
依	4급	의지할 의	依	依	依	轉	4급	구를 전	轉	轉	轉
異	4급	다를 이	異	異	異	錢	4급	돈 전	錢	錢	錢
仁	4급	어질 인	仁	仁	仁	專	4급	오로지 전	專	專	專
姿	4급	모양 자	姿	姿	姿	折	4급	꺾을 절	折	折	折
姉	4급	손위누이 자	姉	姉	姉	點	4급	점 점	點	點	點

4급 배정한자 1,000자 쓰기

8급~1급 총 3,500자 급수별 漢字쓰기 노트 [24]

▶ 아래 쓰기漢字 위를 연필로 다 쓰고 나서 다시 그 위로 천천히 펜으로 써보세요.

한자	급수	훈·음	쓰기1	쓰기2	쓰기3	한자	급수	훈·음	쓰기1	쓰기2	쓰기3
占	4급	점령할 점/점칠 점	占	占	占	盡	4급	다할 진	盡	盡	盡
整	4급	가지런할 정	整	整	整	珍	4급	보배 진	珍	珍	珍
靜	4급	고요할 정	靜	靜	靜	陣	4급	진칠 진	陣	陣	陣
丁	4급	고무래 정/장정 정	丁	丁	丁	差	4급	다를 차	差	差	差
帝	4급	임금 제	帝	帝	帝	讚	4급	기릴 찬	讚	讚	讚
條	4급	가지 조	條	條	條	採	4급	캘 채	採	採	採
潮	4급	조수 조/밀물 조	潮	潮	潮	冊	4급	책 책	冊	冊	冊
組	4급	짤 조	組	組	組	泉	4급	샘 천	泉	泉	泉
存	4급	있을 존	存	存	存	廳	4급	관청 청	廳	廳	廳
鐘	4급	쇠북 종	鐘	鐘	鐘	聽	4급	들을 청	聽	聽	聽
從	4급	좇을 종	從	從	從	招	4급	부를 초	招	招	招
座	4급	자리 좌	座	座	座	推	4급	밀 추	推	推	推
周	4급	두루 주	周	周	周	縮	4급	줄일 축	縮	縮	縮
朱	4급	붉을 주	朱	朱	朱	就	4급	나갈 취	就	就	就
酒	4급	술 주	酒	酒	酒	趣	4급	뜻 취	趣	趣	趣
證	4급	증거 증	證	證	證	層	4급	층 층	層	層	層
持	4급	가질 지	持	持	持	針	4급	바늘 침	針	針	針
誌	4급	기록할 지	誌	誌	誌	寢	4급	잘 침	寢	寢	寢
智	4급	지혜/슬기 지	智	智	智	稱	4급	일컬을 칭	稱	稱	稱
織	4급	짤 직	織	織	織	歎	4급	탄식할 탄	歎	歎	歎

[초급단계] 초등학생 과정

8급~1급 총 3,500자 급수별 漢字쓰기 노트 [25]

▶ 아래 쓰기漢字 위를 연필로 다 쓰고 나서 다시 그 위로 천천히 펜으로 써보세요.

한자	급수	훈·음	쓰기 1	쓰기 2	쓰기 3	한자	급수	훈·음	쓰기 1	쓰기 2	쓰기 3
彈	4급	탄알 탄	彈	彈	彈	抗	4급	겨룰 항	抗	抗	抗
脫	4급	벗을 탈	脫	脫	脫	核	4급	씨 핵	核	核	核
探	4급	찾을 탐	探	探	探	憲	4급	법 헌	憲	憲	憲
擇	4급	가릴 택	擇	擇	擇	險	4급	험할 험	險	險	險
討	4급	칠 토	討	討	討	革	4급	가죽 혁	革	革	革
痛	4급	아플 통	痛	痛	痛	顯	4급	나타날 현	顯	顯	顯
投	4급	던질 투	投	投	投	刑	4급	형벌 형	刑	刑	刑
鬪	4급	싸움 투	鬪	鬪	鬪	或	4급	혹 혹	或	或	或
派	4급	갈래 파	派	派	派	混	4급	섞을 혼	混	混	混
判	4급	판단할 판	判	判	判	婚	4급	혼인할 혼	婚	婚	婚
篇	4급	책 편	篇	篇	篇	紅	4급	붉을 홍	紅	紅	紅
評	4급	평할 평	評	評	評	華	4급	빛날 화	華	華	華
閉	4급	닫을 폐	閉	閉	閉	環	4급	고리 환	環	環	環
胞	4급	세포 포	胞	胞	胞	歡	4급	기쁠 환	歡	歡	歡
爆	4급	불터질 폭	爆	爆	爆	況	4급	상황 황	況	況	況
標	4급	표할 표	標	標	標	灰	4급	재 회	灰	灰	灰
疲	4급	피곤할 피	疲	疲	疲	候	4급	기후 후	候	候	候
避	4급	피할 피	避	避	避	厚	4급	두터울 후	厚	厚	厚
恨	4급	한 한	恨	恨	恨	揮	4급	휘두를 휘	揮	揮	揮
閑	4급	한가할 한	閑	閑	閑	喜	4급	기쁠 희	喜	喜	喜

8급~1급 총 3,500자 급수별 漢字쓰기 노트 [26]

▶ 아래 쓰기漢字 위를 연필로 다 쓰고 나서 다시 그 위로 천천히 펜으로 써보세요.

한자	급수	훈·음	쓰기1	쓰기2	쓰기3	한자	급수	훈·음	쓰기1	쓰기2	쓰기3
佳	준3	아름다울 가	佳	佳	佳	兼	준3	겸할 겸	兼	兼	兼
架	준3	시렁 가	架	架	架	謙	준3	겸손할 겸	謙	謙	謙
脚	준3	다리 각	脚	脚	脚	徑	준3	지름길 경	徑	徑	徑
閣	준3	집 각	閣	閣	閣	硬	준3	굳을 경	硬	硬	硬
刊	준3	새길 간	刊	刊	刊	耕	준3	밭갈 경	耕	耕	耕
幹	준3	줄기 간	幹	幹	幹	頃	준3	이랑/잠깐 경	頃	頃	頃
懇	준3	간절할 간	懇	懇	懇	啓	준3	열 계	啓	啓	啓
肝	준3	간 간	肝	肝	肝	契	준3	맺을 계	契	契	契
鑑	준3	거울 감	鑑	鑑	鑑	桂	준3	계수나무 계	桂	桂	桂
剛	준3	굳셀 강	剛	剛	剛	械	준3	기계 계	械	械	械
綱	준3	벼리 강	綱	綱	綱	溪	준3	시내 계	溪	溪	溪
鋼	준3	강철 강	鋼	鋼	鋼	姑	준3	시어미 고	姑	姑	姑
介	준3	낄 개	介	介	介	稿	준3	원고/볏짚 고	稿	稿	稿
槪	준3	대개 개	槪	槪	槪	鼓	준3	북 고	鼓	鼓	鼓
蓋	준3	덮을 개	蓋	蓋	蓋	哭	준3	울 곡	哭	哭	哭
距	준3	상거할 거	距	距	距	谷	준3	골 곡	谷	谷	谷
乾	준3	하늘 건	乾	乾	乾	供	준3	이바지할 공	供	供	供
劍	준3	칼 검	劍	劍	劍	恐	준3	두려울 공	恐	恐	恐
隔	준3	사이 뜰 격	隔	隔	隔	恭	준3	공손할 공	恭	恭	恭
訣	준3	이별할 결	訣	訣	訣	貢	준3	바칠 공	貢	貢	貢

8급~1급 총 3,500자 급수별 漢字쓰기 노트 [27]

▶ 아래 쓰기 漢字 위를 연필로 다 쓰고 나서 다시 그 위로 천천히 펜으로 써보세요.

한자	급수	훈·음	쓰기 1	쓰기 2	쓰기 3	한자	급수	훈·음	쓰기 1	쓰기 2	쓰기 3
寡	준3	적을 과	寡	寡	寡	克	준3	이길 극	克	克	克
誇	준3	자랑할 과	誇	誇	誇	琴	준3	거문고 금	琴	琴	琴
冠	준3	갓 관	冠	冠	冠	禽	준3	새 금	禽	禽	禽
寬	준3	너그러울 관	寬	寬	寬	錦	준3	비단 금	錦	錦	錦
慣	준3	익숙할 관	慣	慣	慣	及	준3	미칠 급	及	及	及
貫	준3	꿸 관	貫	貫	貫	企	준3	꾀할 기	企	企	企
館	준3	집 관	館	館	館	其	준3	그 기	其	其	其
狂	준3	미칠 광	狂	狂	狂	畿	준3	경기 기	畿	畿	畿
壞	준3	무너질 괴	壞	壞	壞	祈	준3	빌 기	祈	祈	祈
怪	준3	괴이할 괴	怪	怪	怪	騎	준3	말 탈 기	騎	騎	騎
巧	준3	공교할 교	巧	巧	巧	緊	준3	긴할 긴	緊	緊	緊
較	준3	견줄 교	較	較	較	諾	준3	허락할 낙	諾	諾	諾
丘	준3	언덕 구	丘	丘	丘	娘	준3	계집 낭	娘	娘	娘
久	준3	오랠 구	久	久	久	耐	준3	견딜 내	耐	耐	耐
拘	준3	잡을 구	拘	拘	拘	寧	준3	평안 녕	寧	寧	寧
菊	준3	국화 국	菊	菊	菊	奴	준3	종 노	奴	奴	奴
弓	준3	활 궁	弓	弓	弓	腦	준3	골 뇌	腦	腦	腦
拳	준3	주먹 권	拳	拳	拳	泥	준3	진흙 니	泥	泥	泥
鬼	준3	귀신 귀	鬼	鬼	鬼	茶	준3	차 다/차 차	茶	茶	茶
菌	준3	버섯 균	菌	菌	菌	丹	준3	붉을 단	丹	丹	丹

8급~1급 총 3,500자 급수별 漢字쓰기 노트 [28]

▶ 아래 쓰기漢字 위를 연필로 다 쓰고 나서 다시 그 위로 천천히 펜으로 써보세요.

한자	급수	훈·음	쓰기 1	쓰기 2	쓰기 3	한자	급수	훈·음	쓰기 1	쓰기 2	쓰기 3
但	준3	다만 단	但	但	但	浪	준3	물결 랑	浪	浪	浪
旦	준3	아침 단	旦	旦	旦	郎	준3	사내 랑	郎	郎	郎
淡	준3	맑을 담	淡	淡	淡	梁	준3	들보 량	梁	梁	梁
踏	준3	밟을 답	踏	踏	踏	凉	준3	서늘할 량	凉	凉	凉
唐	준3	당나라 당	唐	唐	唐	勵	준3	힘쓸 려	勵	勵	勵
糖	준3	엿 당	糖	糖	糖	曆	준3	책력 력	曆	曆	曆
臺	준3	대 대	臺	臺	臺	戀	준3	그리워할 련	戀	戀	戀
貸	준3	빌릴 대	貸	貸	貸	聯	준3	연이을 련	聯	聯	聯
倒	준3	넘어질 도	倒	倒	倒	蓮	준3	연꽃 련	蓮	蓮	蓮
刀	준3	칼 도	刀	刀	刀	鍊	준3	쇠불릴 련	鍊	鍊	鍊
桃	준3	복숭아 도	桃	桃	桃	裂	준3	찢어질 렬	裂	裂	裂
渡	준3	건널 도	渡	渡	渡	嶺	준3	고개 령	嶺	嶺	嶺
途	준3	길 도	途	途	途	靈	준3	신령 령	靈	靈	靈
陶	준3	질그릇 도	陶	陶	陶	爐	준3	화로 로	爐	爐	爐
突	준3	갑자기 돌	突	突	突	露	준3	이슬 로	露	露	露
凍	준3	얼 동	凍	凍	凍	祿	준3	녹 록	祿	祿	祿
絡	준3	이을 락	絡	絡	絡	弄	준3	희롱할 롱	弄	弄	弄
欄	준3	난간 란	欄	欄	欄	賴	준3	의뢰할 뢰	賴	賴	賴
蘭	준3	난초 란	蘭	蘭	蘭	雷	준3	우레 뢰	雷	雷	雷
廊	준3	사랑채 랑	廊	廊	廊	樓	준3	다락 루	樓	樓	樓

8급~1급 총 3,500자 급수별 漢字쓰기 노트 [29]

▶ 아래 쓰기漢字 위를 연필로 다 쓰고 나서 다시 그 위로 천천히 펜으로 써보세요.

한자	급수	훈·음	쓰기 1	쓰기 2	쓰기 3	한자	급수	훈·음	쓰기 1	쓰기 2	쓰기 3
漏	준3	샐 루	漏	漏	漏	麥	준3	보리 맥	麥	麥	麥
累	준3	자주 루	累	累	累	孟	준3	맏 맹	孟	孟	孟
倫	준3	인륜 륜	倫	倫	倫	猛	준3	사나울 맹	猛	猛	猛
栗	준3	밤 률	栗	栗	栗	盲	준3	눈멀 맹	盲	盲	盲
率	준3	비율 률	率	率	率	盟	준3	맹세 맹	盟	盟	盟
隆	준3	높을 륭	隆	隆	隆	免	준3	면할 면	免	免	免
陵	준3	언덕 릉	陵	陵	陵	眠	준3	잘 면	眠	眠	眠
吏	준3	관리 리	吏	吏	吏	綿	준3	솜 면	綿	綿	綿
履	준3	밟을 리	履	履	履	滅	준3	꺼질 멸	滅	滅	滅
裏	준3	속 리	裏	裏	裏	銘	준3	새길 명	銘	銘	銘
臨	준3	임할 림	臨	臨	臨	慕	준3	그릴 모	慕	慕	慕
磨	준3	갈 마	磨	磨	磨	謀	준3	꾀 모	謀	謀	謀
麻	준3	삼 마	麻	麻	麻	貌	준3	모양 모	貌	貌	貌
幕	준3	장막 막	幕	幕	幕	睦	준3	화목할 목	睦	睦	睦
漠	준3	넓을 막	漠	漠	漠	沒	준3	빠질 몰	沒	沒	沒
莫	준3	없을 막	莫	莫	莫	夢	준3	꿈 몽	夢	夢	夢
晚	준3	늦을 만	晚	晚	晚	蒙	준3	어두울 몽	蒙	蒙	蒙
妄	준3	망령될 망	妄	妄	妄	茂	준3	무성할 무	茂	茂	茂
媒	준3	중매 매	媒	媒	媒	貿	준3	무역할 무	貿	貿	貿
梅	준3	매화 매	梅	梅	梅	墨	준3	먹 묵	墨	墨	墨

8급~1급 총 3,500자 급수별 漢字쓰기 노트 [30]

▶ 아래 쓰기漢字 위를 연필로 다 쓰고 나서 다시 그 위로 천천히 펜으로 써보세요.

한자	급수	훈·음	쓰기 1	쓰기 2	쓰기 3	한자	급수	훈·음	쓰기 1	쓰기 2	쓰기 3
默	준3	잠잠할 묵	默	默	默	補	준3	기울 보	補	補	補
紋	준3	무늬 문	紋	紋	紋	譜	준3	족보 보	譜	譜	譜
勿	준3	말 물	勿	勿	勿	腹	준3	배 복	腹	腹	腹
尾	준3	꼬리 미	尾	尾	尾	覆	준3	다시 복/덮을 부	覆	覆	覆
微	준3	작을 미	微	微	微	封	준3	봉할 봉	封	封	封
薄	준3	엷을 박	薄	薄	薄	峯	준3	봉우리 봉	峯	峯	峯
迫	준3	핍박할 박	迫	迫	迫	逢	준3	만날 봉	逢	逢	逢
盤	준3	소반 반	盤	盤	盤	鳳	준3	봉새 봉	鳳	鳳	鳳
般	준3	가지/일반 반	般	般	般	付	준3	부칠 부	付	付	付
飯	준3	밥 반	飯	飯	飯	扶	준3	도울 부	扶	扶	扶
拔	준3	뽑을 발	拔	拔	拔	浮	준3	뜰 부	浮	浮	浮
芳	준3	꽃다울 방	芳	芳	芳	符	준3	부호 부	符	符	符
培	준3	북돋을 배	培	培	培	簿	준3	문서 부	簿	簿	簿
排	준3	밀칠 배	排	排	排	腐	준3	썩을 부	腐	腐	腐
輩	준3	무리 배	輩	輩	輩	賦	준3	부세 부	賦	賦	賦
伯	준3	맏 백	伯	伯	伯	附	준3	붙을 부	附	附	附
繁	준3	번성할 번	繁	繁	繁	奔	준3	달릴 분	奔	奔	奔
凡	준3	무릇 범	凡	凡	凡	奮	준3	떨칠 분	奮	奮	奮
碧	준3	푸를 벽	碧	碧	碧	紛	준3	어지러울 분	紛	紛	紛
丙	준3	남녘 병	丙	丙	丙	拂	준3	떨칠 불	拂	拂	拂

[초급단계] 초등학생 과정

8급~1급 총 3,500자 급수별 漢字쓰기 노트 [31]

▶ 아래 쓰기漢字 위를 연필로 다 쓰고 나서 다시 그 위로 천천히 펜으로 써보세요.

한자	급수	훈·음	쓰기1	쓰기2	쓰기3	한자	급수	훈·음	쓰기1	쓰기2	쓰기3
卑	준3	낮을 비				霜	준3	서리 상			
妃	준3	왕비 비				塞	준3	막힐 색/변방 새			
婢	준3	계집종 비				索	준3	찾을 색/새끼줄 삭			
肥	준3	살찔 비				徐	준3	천천할 서			
司	준3	맡을 사				恕	준3	용서할 서			
斜	준3	비낄 사				緖	준3	실마리 서			
沙	준3	모래 사				署	준3	마을 서			
祀	준3	제사 사				惜	준3	아낄 석			
蛇	준3	긴뱀 사				釋	준3	풀 석			
詞	준3	말/글 사				旋	준3	돌 선			
邪	준3	간사할 사				禪	준3	선 선			
削	준3	깎을 삭				燒	준3	사를 소			
森	준3	수풀 삼				疏	준3	소통할 소			
像	준3	모양 상				蘇	준3	되살아날 소			
償	준3	갚을 상				訴	준3	호소할 소			
喪	준3	잃을 상				訟	준3	송사할 송			
尚	준3	오히려 상				刷	준3	인쇄할 쇄			
桑	준3	뽕나무 상				鎖	준3	쇠사슬 쇄			
裳	준3	치마 상				衰	준3	쇠할 쇠			
詳	준3	자세할 상				垂	준3	드리울 수			

준3급 배정한자 1,500자 쓰기

8급~1급 총 3,500자 급수별 漢字쓰기 노트 [32]

▶ 아래 쓰기漢字 위를 연필로 다 쓰고 나서 다시 그 위로 천천히 펜으로 써보세요.

한자	급수	훈·음	쓰기1	쓰기2	쓰기3	한자	급수	훈·음	쓰기1	쓰기2	쓰기3
壽	준3	목숨 수	壽	壽	壽	侍	준3	모실 시	侍	侍	侍
帥	준3	장수 수	帥	帥	帥	飾	준3	꾸밀 식	飾	飾	飾
愁	준3	근심 수	愁	愁	愁	愼	준3	삼갈 신	愼	愼	愼
殊	준3	다를 수	殊	殊	殊	審	준3	살필 심	審	審	審
獸	준3	짐승 수	獸	獸	獸	甚	준3	심할 심	甚	甚	甚
輸	준3	보낼 수	輸	輸	輸	雙	준3	두/쌍 쌍	雙	雙	雙
隨	준3	따를 수	隨	隨	隨	亞	준3	버금 아	亞	亞	亞
需	준3	쓰일/쓸 수	需	需	需	我	준3	나 아	我	我	我
淑	준3	맑을 숙	淑	淑	淑	牙	준3	어금니 아	牙	牙	牙
熟	준3	익을 숙	熟	熟	熟	芽	준3	싹 아	芽	芽	芽
巡	준3	돌/순행할 순	巡	巡	巡	阿	준3	언덕 아	阿	阿	阿
旬	준3	열흘 순	旬	旬	旬	雅	준3	맑을 아	雅	雅	雅
瞬	준3	눈깜짝일 순	瞬	瞬	瞬	顔	준3	낯 안	顔	顔	顔
述	준3	펼 술	述	述	述	岸	준3	언덕 안	岸	岸	岸
濕	준3	젖을 습	濕	濕	濕	巖	준3	바위 암	巖	巖	巖
拾	준3	주울 습/열 십	拾	拾	拾	仰	준3	우러를 앙	仰	仰	仰
襲	준3	엄습할 습	襲	襲	襲	央	준3	가운데 앙	央	央	央
乘	준3	탈 승	乘	乘	乘	哀	준3	슬플 애	哀	哀	哀
僧	준3	중 승	僧	僧	僧	若	준3	같을 약/반야 야	若	若	若
昇	준3	오를 승	昇	昇	昇	壤	준3	흙덩이 양	壤	壤	壤

8급~1급 총 3,500자 급수별 漢字쓰기 노트 [33]

▶ 아래 쓰기漢字 위를 연필로 다 쓰고 나서 다시 그 위로 천천히 펜으로 써보세요.

한자	급수	훈·음	쓰기 1	쓰기 2	쓰기 3	한자	급수	훈·음	쓰기 1	쓰기 2	쓰기 3
揚	준3	날릴 양	揚	揚	揚	悟	준3	깨달을 오	悟	悟	悟
讓	준3	사양할 양	讓	讓	讓	烏	준3	까마귀 오	烏	烏	烏
御	준3	거느릴 어	御	御	御	獄	준3	옥 옥	獄	獄	獄
憶	준3	생각할 억	憶	憶	憶	瓦	준3	기와 와	瓦	瓦	瓦
抑	준3	누를 억	抑	抑	抑	緩	준3	느릴 완	緩	緩	緩
亦	준3	또 역	亦	亦	亦	慾	준3	욕심 욕	慾	慾	慾
役	준3	부릴 역	役	役	役	欲	준3	하고자할 욕	欲	欲	欲
疫	준3	전염병 역	疫	疫	疫	辱	준3	욕될 욕	辱	辱	辱
譯	준3	번역할 역	譯	譯	譯	偶	준3	짝 우	偶	偶	偶
驛	준3	역 역	驛	驛	驛	宇	준3	집 우	宇	宇	宇
宴	준3	잔치 연	宴	宴	宴	愚	준3	어리석을 우	愚	愚	愚
沿	준3	물따라갈 연	沿	沿	沿	憂	준3	근심 우	憂	憂	憂
燕	준3	제비 연	燕	燕	燕	羽	준3	깃 우	羽	羽	羽
軟	준3	연할 연	軟	軟	軟	韻	준3	운 운	韻	韻	韻
悅	준3	기쁠 열	悅	悅	悅	越	준3	넘을 월	越	越	越
染	준3	물들 염	染	染	染	僞	준3	거짓 위	僞	僞	僞
炎	준3	불꽃 염	炎	炎	炎	胃	준3	밥통 위	胃	胃	胃
鹽	준3	소금 염	鹽	鹽	鹽	謂	준3	이를 위	謂	謂	謂
影	준3	그림자 영	影	影	影	幼	준3	어릴 유	幼	幼	幼
譽	준3	기릴/명예 예	譽	譽	譽	幽	준3	그윽할 유	幽	幽	幽

8급~1급 총 3,500자 급수별 漢字쓰기 노트 [34]

▶▶▶▶▶▶ ▶ 아래 쓰기漢字 위를 연필로 다 쓰고 나서 다시 그 위로 천천히 펜으로 써보세요.

한자	급수	훈·음	쓰기 1	쓰기 2	쓰기 3	한자	급수	훈·음	쓰기 1	쓰기 2	쓰기 3
悠	준3	멀 유	悠	悠	悠	丈	준3	어른 장	丈	丈	丈
柔	준3	부드러울 유	柔	柔	柔	掌	준3	손바닥 장	掌	掌	掌
猶	준3	오히려 유	猶	猶	猶	粧	준3	단장할 장	粧	粧	粧
維	준3	벼리 유	維	維	維	臟	준3	오장 장	臟	臟	臟
裕	준3	넉넉할 유	裕	裕	裕	莊	준3	씩씩할 장	莊	莊	莊
誘	준3	꾈 유	誘	誘	誘	葬	준3	장사지낼 장	葬	葬	葬
潤	준3	불을 윤	潤	潤	潤	藏	준3	감출 장	藏	藏	藏
乙	준3	새 을	乙	乙	乙	栽	준3	심을 재	栽	栽	栽
淫	준3	음란할 음	淫	淫	淫	裁	준3	옷마를 재	裁	裁	裁
已	준3	이미 이	已	已	已	載	준3	실을 재	載	載	載
翼	준3	날개 익	翼	翼	翼	抵	준3	막을 저	抵	抵	抵
忍	준3	참을 인	忍	忍	忍	著	준3	나타날 저	著	著	著
逸	준3	편안할 일	逸	逸	逸	寂	준3	고요할 적	寂	寂	寂
壬	준3	북방 임	壬	壬	壬	摘	준3	딸 적	摘	摘	摘
賃	준3	품삯 임	賃	賃	賃	笛	준3	피리 적	笛	笛	笛
刺	준3	찌를 자/찌를 척/수라 라	刺	刺	刺	跡	준3	발자취 적	跡	跡	跡
慈	준3	사랑 자	慈	慈	慈	蹟	준3	자취 적	蹟	蹟	蹟
紫	준3	자줏빛 자	紫	紫	紫	殿	준3	전각 전	殿	殿	殿
暫	준3	잠깐 잠	暫	暫	暫	漸	준3	점점 점	漸	漸	漸
潛	준3	잠길 잠	潛	潛	潛	井	준3	우물 정	井	井	井

8급~1급 총 3,500자 급수별 漢字쓰기 노트 [35]

▶ 아래 쓰기漢字 위를 연필로 다 쓰고 나서 다시 그 위로 천천히 펜으로 써보세요.

한자	급수	훈·음	쓰기 1	쓰기 2	쓰기 3	한자	급수	훈·음	쓰기 1	쓰기 2	쓰기 3
亭	준3	정자 정	亭	亭	亭	仲	준3	버금 중	仲	仲	仲
廷	준3	조정 정	廷	廷	廷	卽	준3	곧 즉	卽	卽	卽
征	준3	칠 정	征	征	征	憎	준3	미울 증	憎	憎	憎
淨	준3	깨끗할 정	淨	淨	淨	曾	준3	일찍 증	曾	曾	曾
貞	준3	곧을 정	貞	貞	貞	症	준3	증세 증	症	症	症
頂	준3	정수리 정	頂	頂	頂	蒸	준3	찔 증	蒸	蒸	蒸
諸	준3	모두 제	諸	諸	諸	之	준3	갈 지	之	之	之
齊	준3	가지런할 제	齊	齊	齊	枝	준3	가지 지	枝	枝	枝
兆	준3	억조 조	兆	兆	兆	池	준3	못 지	池	池	池
照	준3	비칠 조	照	照	照	振	준3	떨친 진	振	振	振
租	준3	조세 조	租	租	租	辰	준3	별 진/때 신	辰	辰	辰
縱	준3	세로 종	縱	縱	縱	鎭	준3	진압할 진	鎭	鎭	鎭
坐	준3	앉을 좌	坐	坐	坐	陳	준3	베풀/묵을 진	陳	陳	陳
奏	준3	아뢸 주	奏	奏	奏	震	준3	우레 진	震	震	震
宙	준3	집 주	宙	宙	宙	疾	준3	병 질	疾	疾	疾
柱	준3	기둥 주	柱	柱	柱	秩	준3	차례 질	秩	秩	秩
株	준3	그루 주	株	株	株	執	준3	잡을 집	執	執	執
洲	준3	물가 주	洲	洲	洲	徵	준3	부를 징	徵	徵	徵
珠	준3	구슬 주	珠	珠	珠	借	준3	빌/빌릴 차	借	借	借
鑄	준3	쇠불릴 주	鑄	鑄	鑄	此	준3	이 차	此	此	此

8급~1급 총 3,500자 급수별 漢字쓰기 노트 [36]

▶ 아래 쓰기 漢字 위를 연필로 다 쓰고 나서 다시 그 위로 천천히 펜으로 써보세요.

한자	급수	훈·음	쓰기1	쓰기2	쓰기3	한자	급수	훈·음	쓰기1	쓰기2	쓰기3
錯	준3	어긋날 착	錯	錯	錯	礎	준3	주춧돌 초	礎	礎	礎
贊	준3	도울 찬	贊	贊	贊	肖	준3	닮을/같을 초	肖	肖	肖
倉	준3	곳집 창	倉	倉	倉	超	준3	뛰어넘을 초	超	超	超
昌	준3	창성할 창	昌	昌	昌	促	준3	재촉할 촉	促	促	促
蒼	준3	푸를 창	蒼	蒼	蒼	觸	준3	닿을 촉	觸	觸	觸
債	준3	빚 채	債	債	債	催	준3	재촉할 최	催	催	催
彩	준3	채색 채	彩	彩	彩	追	준3	쫓을/따를 추	追	追	追
菜	준3	나물 채	菜	菜	菜	畜	준3	짐승 축	畜	畜	畜
策	준3	꾀 책	策	策	策	衝	준3	찌를 충	衝	衝	衝
妻	준3	아내 처	妻	妻	妻	吹	준3	불 취	吹	吹	吹
尺	준3	자 척	尺	尺	尺	醉	준3	취할 취	醉	醉	醉
戚	준3	친척 척	戚	戚	戚	側	준3	곁 측	側	側	側
拓	준3	넓힐 척/박을 탁	拓	拓	拓	値	준3	값 치	値	値	値
淺	준3	얕을 천	淺	淺	淺	恥	준3	부끄러울 치	恥	恥	恥
賤	준3	천할 천	賤	賤	賤	稚	준3	어릴 치	稚	稚	稚
踐	준3	밟을 천	踐	踐	踐	漆	준3	옻 칠	漆	漆	漆
遷	준3	옮길 천	遷	遷	遷	沈	준3	잠길 침/성 심	沈	沈	沈
哲	준3	밝을 철	哲	哲	哲	浸	준3	잠길 침	浸	浸	浸
徹	준3	통할 철	徹	徹	徹	奪	준3	빼앗을 탈	奪	奪	奪
滯	준3	막힐 체	滯	滯	滯	塔	준3	탑 탑	塔	塔	塔

8급~1급 총 3,500자 급수별 漢字쓰기 노트 [37]

▶ 아래 쓰기漢字 위를 연필로 다 쓰고 나서 다시 그 위로 천천히 펜으로 써보세요.

한자	급수	훈·음	쓰기 1	쓰기 2	쓰기 3	한자	급수	훈·음	쓰기 1	쓰기 2	쓰기 3
湯	준3	끓을 탕	湯	湯	湯	畢	준3	마칠 필	畢	畢	畢
殆	준3	거의 태	殆	殆	殆	何	준3	어찌 하	何	何	何
泰	준3	클 태	泰	泰	泰	荷	준3	멜 하	荷	荷	荷
澤	준3	못 택	澤	澤	澤	賀	준3	하례할 하	賀	賀	賀
兎	준3	토끼 토	兎	兎	兎	鶴	준3	학 학	鶴	鶴	鶴
吐	준3	토할 토	吐	吐	吐	汗	준3	땀 한	汗	汗	汗
透	준3	사무칠 투	透	透	透	割	준3	벨 할	割	割	割
版	준3	판목 판	版	版	版	含	준3	머금을 함	含	含	含
偏	준3	치우칠 편	偏	偏	偏	陷	준3	빠질 함	陷	陷	陷
片	준3	조각 편	片	片	片	恒	준3	항상 항	恒	恒	恒
編	준3	엮을 편	編	編	編	項	준3	항목 항	項	項	項
廢	준3	폐할/버릴 폐	廢	廢	廢	響	준3	울릴 향	響	響	響
弊	준3	폐단/해질 폐	弊	弊	弊	獻	준3	드릴 헌	獻	獻	獻
肺	준3	허파 폐	肺	肺	肺	懸	준3	달 현	懸	懸	懸
捕	준3	잡을 포	捕	捕	捕	玄	준3	검을 현	玄	玄	玄
浦	준3	개 포	浦	浦	浦	穴	준3	굴 혈	穴	穴	穴
楓	준3	단풍 풍	楓	楓	楓	脅	준3	위협할 협	脅	脅	脅
彼	준3	저 피	彼	彼	彼	衡	준3	저울대 형	衡	衡	衡
皮	준3	가죽 피	皮	皮	皮	慧	준3	슬기로울 혜	慧	慧	慧
被	준3	입을 피	被	被	被	浩	준3	넓을 호	浩	浩	浩

8급~1급 총 3,500자 급수별 漢字쓰기 노트 [38]

▶ 아래 쓰기漢字 위를 연필로 다 쓰고 나서 다시 그 위로 천천히 펜으로 써보세요.

한자	급수	훈·음	쓰기 1	쓰기 2	쓰기 3	한자	급수	훈·음	쓰기 1	쓰기 2	쓰기 3
胡	준3	되 호	胡	胡	胡	却	3급	물리칠 각	却	却	却
虎	준3	범 호	虎	虎	虎	姦	3급	간음할 간	姦	姦	姦
豪	준3	호걸 호	豪	豪	豪	渴	3급	목마를 갈	渴	渴	渴
惑	준3	미혹할 혹	惑	惑	惑	慨	3급	슬퍼할 개	慨	慨	慨
魂	준3	넋 혼	魂	魂	魂	皆	3급	다 개	皆	皆	皆
忽	준3	갑자기 홀	忽	忽	忽	乞	3급	빌 걸	乞	乞	乞
洪	준3	넓을 홍	洪	洪	洪	牽	3급	이끌/끌 견	牽	牽	牽
禍	준3	재앙 화	禍	禍	禍	絹	3급	비단 견	絹	絹	絹
換	준3	바꿀 환	換	換	換	肩	3급	어깨 견	肩	肩	肩
還	준3	돌아올 환	還	還	還	遣	3급	보낼 견	遣	遣	遣
皇	준3	임금 황	皇	皇	皇	卿	3급	벼슬 경	卿	卿	卿
荒	준3	거칠 황	荒	荒	荒	庚	3급	별 경	庚	庚	庚
悔	준3	뉘우칠 회	悔	悔	悔	竟	3급	마침내 경	竟	竟	竟
懷	준3	품을 회	懷	懷	懷	癸	3급	북방 계	癸	癸	癸
劃	준3	그을 획	劃	劃	劃	繫	3급	맬 계	繫	繫	繫
獲	준3	얻을 획	獲	獲	獲	枯	3급	마를 고	枯	枯	枯
橫	준3	가로 횡	橫	橫	橫	顧	3급	돌아볼 고	顧	顧	顧
胸	준3	가슴 흉	胸	胸	胸	坤	3급	따 곤	坤	坤	坤
稀	준3	드물 희	稀	稀	稀	郭	3급	둘레 곽	郭	郭	郭
戲	준3	놀이 희	戲	戲	戲	掛	3급	걸 괘	掛	掛	掛

8급~1급 총 3,500자 급수별 漢字쓰기 노트 [39]

▶ 아래 쓰기漢字 위를 연필로 다 쓰고 나서 다시 그 위로 천천히 펜으로 써보세요.

한자	급수	훈·음	쓰기 1	쓰기 2	쓰기 3	한자	급수	훈·음	쓰기 1	쓰기 2	쓰기 3
塊	3급	흙덩이 괴	塊	塊	塊	旣	3급	이미 기	旣	旣	旣
愧	3급	부끄러울 괴	愧	愧	愧	棄	3급	버릴 기	棄	棄	棄
矯	3급	바로잡을 교	矯	矯	矯	欺	3급	속일 기	欺	欺	欺
郊	3급	들 교	郊	郊	郊	豈	3급	어찌 기	豈	豈	豈
俱	3급	함께 구	俱	俱	俱	飢	3급	주릴 기	飢	飢	飢
懼	3급	두려워할 구	懼	懼	懼	那	3급	어찌 나	那	那	那
狗	3급	개 구	狗	狗	狗	乃	3급	이에 내	乃	乃	乃
苟	3급	진실로 구	苟	苟	苟	奈	3급	어찌 내/어찌 나	奈	奈	奈
驅	3급	몰 구	驅	驅	驅	惱	3급	번뇌할 뇌	惱	惱	惱
龜	3급	거북 구/거북 귀/터질 균	龜	龜	龜	畓	3급	논 답	畓	畓	畓
厥	3급	그 궐	厥	厥	厥	塗	3급	칠할 도	塗	塗	塗
軌	3급	바퀴자국 궤	軌	軌	軌	挑	3급	돋을 도	挑	挑	挑
叫	3급	부르짖을 규	叫	叫	叫	稻	3급	벼 도	稻	稻	稻
糾	3급	얽힐 규	糾	糾	糾	跳	3급	뛸 도	跳	跳	跳
僅	3급	겨우 근	僅	僅	僅	篤	3급	도타울 독	篤	篤	篤
斤	3급	근[무게] 근/날 근	斤	斤	斤	敦	3급	도타울 돈	敦	敦	敦
謹	3급	삼갈 근	謹	謹	謹	豚	3급	돼지 돈	豚	豚	豚
肯	3급	즐길 긍	肯	肯	肯	屯	3급	진칠 둔	屯	屯	屯
幾	3급	몇 기	幾	幾	幾	鈍	3급	둔할 둔	鈍	鈍	鈍
忌	3급	꺼릴 기	忌	忌	忌	騰	3급	오를 등	騰	騰	騰

8급~1급 총 3,500자 급수별 漢字쓰기 노트 [40]

▶ 아래 쓰기漢字 위를 연필로 다 쓰고 나서 다시 그 위로 천천히 펜으로 써보세요.

한자	급수	훈·음	쓰기 1	쓰기 2	쓰기 3	한자	급수	훈·음	쓰기 1	쓰기 2	쓰기 3
濫	3급	넘칠 람	濫	濫	濫	罔	3급	없을 망	罔	罔	罔
掠	3급	노략질 략	掠	掠	掠	茫	3급	아득할 망	茫	茫	茫
諒	3급	살펴알 량	諒	諒	諒	埋	3급	묻을 매	埋	埋	埋
憐	3급	불쌍히여길 련	憐	憐	憐	冥	3급	어두울 명	冥	冥	冥
劣	3급	못할 렬	劣	劣	劣	侮	3급	업신여길 모	侮	侮	侮
廉	3급	청렴할 렴	廉	廉	廉	冒	3급	무릅쓸 모	冒	冒	冒
獵	3급	사냥 렵	獵	獵	獵	募	3급	뽑을 모	募	募	募
零	3급	떨어질 령	零	零	零	暮	3급	저물 모	暮	暮	暮
隷	3급	종 례	隷	隷	隷	某	3급	아무 모	某	某	某
鹿	3급	사슴 록	鹿	鹿	鹿	卯	3급	토끼 묘	卯	卯	卯
了	3급	마칠 료	了	了	了	廟	3급	사당 묘	廟	廟	廟
僚	3급	동료 료	僚	僚	僚	苗	3급	모 묘	苗	苗	苗
屢	3급	여러 루	屢	屢	屢	戊	3급	천간 무	戊	戊	戊
淚	3급	눈물 루	淚	淚	淚	霧	3급	안개 무	霧	霧	霧
梨	3급	배 리	梨	梨	梨	眉	3급	눈썹 미	眉	眉	眉
隣	3급	이웃 린	隣	隣	隣	迷	3급	미혹할 미	迷	迷	迷
慢	3급	거만할 만	慢	慢	慢	憫	3급	민망할 민	憫	憫	憫
漫	3급	흩어질 만	漫	漫	漫	敏	3급	민첩할 민	敏	敏	敏
忘	3급	잊을 망	忘	忘	忘	蜜	3급	꿀 밀	蜜	蜜	蜜
忙	3급	바쁠 망	忙	忙	忙	泊	3급	머무를/배댈 박	泊	泊	泊

[초급단계] 초등학생 과정

8급~1급 총 3,500자 급수별 漢字쓰기 노트 [41]

▶ 아래 쓰기漢字 위를 연필로 다 쓰고 나서 다시 그 위로 천천히 펜으로 써보세요.

한자	급수	훈·음	쓰기 1	쓰기 2	쓰기 3	한자	급수	훈·음	쓰기 1	쓰기 2	쓰기 3
伴	3급	짝 반	伴	伴	伴	聘	3급	부를 빙	聘	聘	聘
叛	3급	배반할 반	叛	叛	叛	似	3급	닮을 사	似	似	似
返	3급	돌이킬 반	返	返	返	巳	3급	뱀 사	巳	巳	巳
倣	3급	본뜰 방	倣	倣	倣	捨	3급	버릴 사	捨	捨	捨
傍	3급	곁 방	傍	傍	傍	斯	3급	이 사	斯	斯	斯
邦	3급	나라 방	邦	邦	邦	詐	3급	속일 사	詐	詐	詐
杯	3급	잔 배	杯	杯	杯	賜	3급	줄 사	賜	賜	賜
煩	3급	번거로울 번	煩	煩	煩	朔	3급	초하루 삭	朔	朔	朔
飜	3급	번역할 번	飜	飜	飜	嘗	3급	맛볼 상	嘗	嘗	嘗
辨	3급	분별할 변	辨	辨	辨	祥	3급	상서 상	祥	祥	祥
屛	3급	병풍 병	屛	屛	屛	庶	3급	여러 서	庶	庶	庶
竝	3급	나란히 병	竝	竝	竝	敍	3급	펼 서	敍	敍	敍
卜	3급	점 복	卜	卜	卜	暑	3급	더울 서	暑	暑	暑
蜂	3급	벌 봉	蜂	蜂	蜂	誓	3급	맹세할 서	誓	誓	誓
赴	3급	다다를/갈 부	赴	赴	赴	逝	3급	갈 서	逝	逝	逝
墳	3급	무덤 분	墳	墳	墳	昔	3급	예 석	昔	昔	昔
崩	3급	무너질 붕	崩	崩	崩	析	3급	쪼갤 석	析	析	析
朋	3급	벗 붕	朋	朋	朋	攝	3급	다스릴/잡을 섭	攝	攝	攝
賓	3급	손 빈	賓	賓	賓	涉	3급	건널 섭	涉	涉	涉
頻	3급	자주 빈	頻	頻	頻	召	3급	부를 소	召	召	召

8급~1급 총 3,500자 급수별 漢字쓰기 노트 [42]

▶ 아래 쓰기 漢字 위를 연필로 다 쓰고 나서 다시 그 위로 천천히 펜으로 써보세요.

한자	급수	훈·음	쓰기 1	쓰기 2	쓰기 3	한자	급수	훈·음	쓰기 1	쓰기 2	쓰기 3
昭	3급	밝을 소	昭	昭	昭	辛	3급	매울 신	辛	辛	辛
蔬	3급	나물 소	蔬	蔬	蔬	尋	3급	찾을 심	尋	尋	尋
騷	3급	떠들 소	騷	騷	騷	餓	3급	주릴 아	餓	餓	餓
粟	3급	조 속	粟	粟	粟	岳	3급	큰 산 악	岳	岳	岳
誦	3급	욀 송	誦	誦	誦	雁	3급	기러기 안	雁	雁	雁
囚	3급	가둘 수	囚	囚	囚	謁	3급	뵐 알	謁	謁	謁
搜	3급	찾을 수	搜	搜	搜	押	3급	누를 압	押	押	押
睡	3급	졸음 수	睡	睡	睡	殃	3급	재앙 앙	殃	殃	殃
誰	3급	누구 수	誰	誰	誰	涯	3급	물가 애	涯	涯	涯
遂	3급	드디어 수	遂	遂	遂	厄	3급	액 액	厄	厄	厄
雖	3급	비록 수	雖	雖	雖	也	3급	이끼 야/어조사 야	也	也	也
須	3급	모름지기 수	須	須	須	耶	3급	어조사 야	耶	耶	耶
孰	3급	누구 숙	孰	孰	孰	躍	3급	뛸 약	躍	躍	躍
循	3급	돌 순	循	循	循	楊	3급	버들 양	楊	楊	楊
殉	3급	따라죽을 순	殉	殉	殉	於	3급	어조사 어/탄식할 오	於	於	於
脣	3급	입술 순	脣	脣	脣	焉	3급	어찌 언	焉	焉	焉
戌	3급	개 술	戌	戌	戌	予	3급	나 여	予	予	予
矢	3급	화살 시	矢	矢	矢	余	3급	나 여	余	余	余
伸	3급	펼 신	伸	伸	伸	汝	3급	너 여	汝	汝	汝
晨	3급	새벽 신	晨	晨	晨	輿	3급	수레 여	輿	輿	輿

8급~1급 총 3,500자 급수별 漢字쓰기 노트 [43]

▶ 아래 쓰기漢字 위를 연필로 다 쓰고 나서 다시 그 위로 천천히 펜으로 써보세요.

한자	급수	훈·음	쓰기 1	쓰기 2	쓰기 3	한자	급수	훈·음	쓰기 1	쓰기 2	쓰기 3
閱	3급	볼 열	閱	閱	閱	尤	3급	더욱 우	尤	尤	尤
泳	3급	헤엄칠 영	泳	泳	泳	云	3급	이를 운	云	云	云
詠	3급	읊을 영	詠	詠	詠	緯	3급	씨 위	緯	緯	緯
銳	3급	날카로울 예	銳	銳	銳	違	3급	어긋날 위	違	違	違
傲	3급	거만할 오	傲	傲	傲	唯	3급	오직 유	唯	唯	唯
吾	3급	나 오	吾	吾	吾	惟	3급	생각할 유	惟	惟	惟
嗚	3급	슬플 오	嗚	嗚	嗚	愈	3급	나을 유	愈	愈	愈
娛	3급	즐길 오	娛	娛	娛	酉	3급	닭 유	酉	酉	酉
汚	3급	더러울 오	汚	汚	汚	閏	3급	윤달 윤	閏	閏	閏
擁	3급	낄 옹	擁	擁	擁	吟	3급	읊을 음	吟	吟	吟
翁	3급	늙은이 옹	翁	翁	翁	泣	3급	울 읍	泣	泣	泣
臥	3급	누울 와	臥	臥	臥	凝	3급	엉길 응	凝	凝	凝
曰	3급	가로 왈	曰	曰	曰	宜	3급	마땅 의	宜	宜	宜
畏	3급	두려워할 외	畏	畏	畏	矣	3급	어조사 의	矣	矣	矣
搖	3급	흔들 요	搖	搖	搖	夷	3급	오랑캐 이	夷	夷	夷
腰	3급	허리 요	腰	腰	腰	而	3급	말이을 이	而	而	而
遙	3급	멀 요	遙	遙	遙	姻	3급	혼인 인	姻	姻	姻
庸	3급	떳떳할 용	庸	庸	庸	寅	3급	범/동방 인	寅	寅	寅
于	3급	어조사 우	于	于	于	恣	3급	마음대로/방자할 자	恣	恣	恣
又	3급	또 우	又	又	又	玆	3급	이 자	玆	玆	玆

8급~1급 총 3,500자 급수별 漢字쓰기 노트 [44]

▶ 아래 쓰기漢字 위를 연필로 다 쓰고 나서 다시 그 위로 천천히 펜으로 써보세요.

한자	급수	훈·음	쓰기1	쓰기2	쓰기3	한자	급수	훈·음	쓰기1	쓰기2	쓰기3
爵	3급	벼슬 작	爵	爵	爵	姪	3급	조카 질	姪	姪	姪
酌	3급	술부을/잔질할 작	酌	酌	酌	懲	3급	징계할 징	懲	懲	懲
墻	3급	담 장	墻	墻	墻	且	3급	또 차	且	且	且
哉	3급	어조사 재	哉	哉	哉	捉	3급	잡을 착	捉	捉	捉
宰	3급	재상 재	宰	宰	宰	慘	3급	참혹할 참	慘	慘	慘
滴	3급	물방울 적	滴	滴	滴	慙	3급	부끄러울 참	慙	慙	慙
竊	3급	훔칠 절	竊	竊	竊	暢	3급	화창할 창	暢	暢	暢
蝶	3급	나비 접	蝶	蝶	蝶	斥	3급	물리칠 척	斥	斥	斥
訂	3급	바로잡을 정	訂	訂	訂	薦	3급	천거할 천	薦	薦	薦
堤	3급	둑 제	堤	堤	堤	尖	3급	뾰족할 첨	尖	尖	尖
弔	3급	조상할 조	弔	弔	弔	添	3급	더할 첨	添	添	添
燥	3급	마를 조	燥	燥	燥	妾	3급	첩 첩	妾	妾	妾
拙	3급	졸할 졸	拙	拙	拙	晴	3급	갤 청	晴	晴	晴
佐	3급	도울 좌	佐	佐	佐	替	3급	바꿀 체	替	替	替
舟	3급	배 주	舟	舟	舟	逮	3급	잡을 체	逮	逮	逮
俊	3급	준걸 준	俊	俊	俊	遞	3급	갈릴 체	遞	遞	遞
遵	3급	좇을 준	遵	遵	遵	抄	3급	뽑을 초	抄	抄	抄
贈	3급	줄 증	贈	贈	贈	秒	3급	분초 초	秒	秒	秒
只	3급	다만 지	只	只	只	燭	3급	촛불 촉	燭	燭	燭
遲	3급	더딜/늦을 지	遲	遲	遲	聰	3급	귀밝을 총	聰	聰	聰

8급~1급 총 3,500자 급수별 漢字쓰기 노트 [45]

▶ 아래 쓰기漢字 위를 연필로 다 쓰고 나서 다시 그 위로 천천히 펜으로 써보세요.

한자	급수	훈·음	쓰기 1	쓰기 2	쓰기 3	한자	급수	훈·음	쓰기 1	쓰기 2	쓰기 3
抽	3급	뽑을 추	抽	抽	抽	遍	3급	두루 편	遍	遍	遍
醜	3급	추할 추	醜	醜	醜	幣	3급	화폐 폐	幣	幣	幣
丑	3급	소 축	丑	丑	丑	蔽	3급	덮을 폐	蔽	蔽	蔽
逐	3급	쫓을 축	逐	逐	逐	抱	3급	안을 포	抱	抱	抱
臭	3급	냄새 취	臭	臭	臭	飽	3급	배부를 포	飽	飽	飽
枕	3급	베개 침	枕	枕	枕	幅	3급	폭 폭	幅	幅	幅
墮	3급	떨어질 타	墮	墮	墮	漂	3급	떠다닐 표	漂	漂	漂
妥	3급	온당할 타	妥	妥	妥	匹	3급	짝 필	匹	匹	匹
托	3급	맡길 탁	托	托	托	旱	3급	가물 한	旱	旱	旱
濁	3급	흐릴 탁	濁	濁	濁	咸	3급	다 함	咸	咸	咸
濯	3급	씻을 탁	濯	濯	濯	巷	3급	거리 항	巷	巷	巷
誕	3급	낳을/거짓 탄	誕	誕	誕	亥	3급	돼지 해	亥	亥	亥
貪	3급	탐낼 탐	貪	貪	貪	奚	3급	어찌 해	奚	奚	奚
怠	3급	게으를 태	怠	怠	怠	該	3급	갖출 해	該	該	該
把	3급	잡을 파	把	把	把	享	3급	누릴 향	享	享	享
播	3급	뿌릴 파	播	播	播	軒	3급	집 헌	軒	軒	軒
罷	3급	마칠 파	罷	罷	罷	絃	3급	줄 현	絃	絃	絃
頗	3급	자못 파	頗	頗	頗	縣	3급	고을 현	縣	縣	縣
販	3급	팔 판	販	販	販	嫌	3급	싫어할 혐	嫌	嫌	嫌
貝	3급	조개 패	貝	貝	貝	亨	3급	형통할 형	亨	亨	亨

8급~1급 총 3,500자 급수별 漢字쓰기 노트 [46]

▶ 아래 쓰기漢字 위를 연필로 다 쓰고 나서 다시 그 위로 천천히 펜으로 써보세요.

한자	급수	훈·음	쓰기 1	쓰기 2	쓰기 3	한자	급수	훈·음	쓰기 1	쓰기 2	쓰기 3
螢	3급	반딧불 형	螢	螢	螢	軻	2급	수레 가/사람이름 가	軻	軻	軻
兮	3급	어조사 혜	兮	兮	兮	迦	2급	부처이름 가	迦	迦	迦
乎	3급	어조사 호	乎	乎	乎	珏	2급	쌍옥 각	珏	珏	珏
互	3급	서로 호	互	互	互	杆	2급	몽둥이 간	杆	杆	杆
毫	3급	터럭 호	毫	毫	毫	艮	2급	괘이름 간	艮	艮	艮
昏	3급	어두울 혼	昏	昏	昏	鞨	2급	오랑캐이름 갈	鞨	鞨	鞨
弘	3급	클 홍	弘	弘	弘	葛	2급	칡 갈	葛	葛	葛
鴻	3급	기러기 홍	鴻	鴻	鴻	憾	2급	섭섭할 감	憾	憾	憾
禾	3급	벼 화	禾	禾	禾	岬	2급	곶 갑	岬	岬	岬
擴	3급	넓힐 확	擴	擴	擴	鉀	2급	갑옷 갑	鉀	鉀	鉀
穫	3급	거둘 확	穫	穫	穫	姜	2급	성씨 강	姜	姜	姜
丸	3급	둥글 환	丸	丸	丸	岡	2급	산등성이 강	岡	岡	岡
曉	3급	새벽 효	曉	曉	曉	崗	2급	언덕 강	崗	崗	崗
侯	3급	제후 후	侯	侯	侯	彊	2급	굳셀 강	彊	彊	彊
毁	3급	헐 훼	毁	毁	毁	疆	2급	지경 강	疆	疆	疆
輝	3급	빛날 휘	輝	輝	輝	价	2급	클 개	价	价	价
携	3급	이끌 휴	携	携	携	塏	2급	높은땅 개	塏	塏	塏
伽	2급	절 가	伽	伽	伽	坑	2급	구덩이 갱	坑	坑	坑
柯	2급	가지 가	柯	柯	柯	鍵	2급	열쇠 건	鍵	鍵	鍵
賈	2급	성 가/장사 고	賈	賈	賈	杰	2급	뛰어날 걸	杰	杰	杰

8급~1급 총 3,500자 급수별 漢字쓰기 노트 [47]

▶ 아래 쓰기漢字 위를 연필로 다 쓰고 나서 다시 그 위로 천천히 펜으로 써보세요.

한자	급수	훈·음	쓰기1	쓰기2	쓰기3	한자	급수	훈·음	쓰기1	쓰기2	쓰기3
桀	2급	하왕 이름 걸	桀	桀	桀	膠	2급	아교 교	膠	膠	膠
憩	2급	쉴 게	憩	憩	憩	玖	2급	옥돌 구	玖	玖	玖
揭	2급	걸 게	揭	揭	揭	邱	2급	언덕 구	邱	邱	邱
甄	2급	질그릇 견	甄	甄	甄	歐	2급	구라파 구	歐	歐	歐
儆	2급	경계할 경	儆	儆	儆	購	2급	살 구	購	購	購
炅	2급	빛날 경	炅	炅	炅	鷗	2급	갈매기 구	鷗	鷗	鷗
璟	2급	옥빛 경	璟	璟	璟	鞠	2급	성 국	鞠	鞠	鞠
瓊	2급	구슬 경	瓊	瓊	瓊	掘	2급	팔 굴	掘	掘	掘
皐	2급	언덕 고	皐	皐	皐	窟	2급	굴 굴	窟	窟	窟
雇	2급	품팔 고/새이름 호	雇	雇	雇	圈	2급	우리 권	圈	圈	圈
戈	2급	창 과	戈	戈	戈	闕	2급	대궐 궐	闕	闕	闕
瓜	2급	외 과	瓜	瓜	瓜	圭	2급	서옥 규	圭	圭	圭
菓	2급	과자 과	菓	菓	菓	奎	2급	별 규	奎	奎	奎
串	2급	펠 관/땅이름 곶	串	串	串	揆	2급	헤아릴 규	揆	揆	揆
琯	2급	옥피리 관	琯	琯	琯	珪	2급	홀 규	珪	珪	珪
款	2급	항목 관	款	款	款	閨	2급	안방 규	閨	閨	閨
槐	2급	느티나무 괴	槐	槐	槐	槿	2급	무궁화 근	槿	槿	槿
傀	2급	허수아비 괴	傀	傀	傀	瑾	2급	아름다운 옥 근	瑾	瑾	瑾
僑	2급	더부살이 교	僑	僑	僑	兢	2급	떨릴 긍	兢	兢	兢
絞	2급	목맬 교	絞	絞	絞	冀	2급	바랄 기	冀	冀	冀

2급 배정한자 2,355자 쓰기

8급~1급 총 3,500자 급수별 漢字쓰기 노트 [48]

▶ 아래 쓰기漢字 위를 연필로 다 쓰고 나서 다시 그 위로 천천히 펜으로 써보세요.

한자	급수	훈·음	쓰기 1	쓰기 2	쓰기 3	한자	급수	훈·음	쓰기 1	쓰기 2	쓰기 3
岐	2급	갈림길 기	岐	岐	岐	塘	2급	못 당	塘	塘	塘
沂	2급	물 이름 기	沂	沂	沂	垈	2급	집터 대	垈	垈	垈
淇	2급	물 이름 기	淇	淇	淇	戴	2급	일 대	戴	戴	戴
琦	2급	옥 이름 기	琦	琦	琦	悳	2급	큰 덕	悳	悳	悳
琪	2급	아름다운 옥 기	琪	琪	琪	燾	2급	비칠 도	燾	燾	燾
璣	2급	별이름 기	璣	璣	璣	悼	2급	슬퍼할 도	悼	悼	悼
箕	2급	키 기	箕	箕	箕	惇	2급	도타울 돈	惇	惇	惇
耆	2급	늙을 기	耆	耆	耆	燉	2급	불빛 돈	燉	燉	燉
騏	2급	준마 기	騏	騏	騏	頓	2급	조아릴 돈	頓	頓	頓
驥	2급	천리마 기	驥	驥	驥	乭	2급	이름 돌	乭	乭	乭
麒	2급	기린 기	麒	麒	麒	董	2급	바를 동	董	董	董
棋	2급	바둑 기	棋	棋	棋	桐	2급	오동나무 동	桐	桐	桐
濃	2급	짙을 농	濃	濃	濃	棟	2급	마룻대 동	棟	棟	棟
尿	2급	오줌 뇨	尿	尿	尿	杜	2급	막을 두	杜	杜	杜
尼	2급	여승 니	尼	尼	尼	鄧	2급	나라이름 등	鄧	鄧	鄧
溺	2급	빠질 닉	溺	溺	溺	藤	2급	등나무 등	藤	藤	藤
湍	2급	여울 단	湍	湍	湍	謄	2급	베낄 등	謄	謄	謄
鍛	2급	쇠 불릴 단	鍛	鍛	鍛	裸	2급	벗을 라	裸	裸	裸
潭	2급	못 담	潭	潭	潭	洛	2급	물이름 락	洛	洛	洛
膽	2급	쓸개 담	膽	膽	膽	爛	2급	빛날 란	爛	爛	爛

8급~1급 총 3,500자 급수별 漢字쓰기 노트 [49]

▶ 아래 쓰기漢字 위를 연필로 다 쓰고 나서 다시 그 위로 천천히 펜으로 써보세요.

한자	급수	훈·음	쓰기 1	쓰기 2	쓰기 3	한자	급수	훈·음	쓰기 1	쓰기 2	쓰기 3
藍	2급	쪽 람	藍	藍	藍	遼	2급	멀 료	遼	遼	遼
拉	2급	끌 랍	拉	拉	拉	療	2급	병고칠 료	療	療	療
萊	2급	명아주 래	萊	萊	萊	劉	2급	죽일 류/묘금도 류	劉	劉	劉
亮	2급	밝을 량	亮	亮	亮	硫	2급	유황 류	硫	硫	硫
樑	2급	들보 량	樑	樑	樑	謬	2급	그르칠 류	謬	謬	謬
輛	2급	수레 량	輛	輛	輛	崙	2급	산이름 륜	崙	崙	崙
呂	2급	성 려/법칙 려	呂	呂	呂	楞	2급	네모질 릉	楞	楞	楞
廬	2급	농막집 려	廬	廬	廬	麟	2급	기린 린	麟	麟	麟
礪	2급	숫돌 려	礪	礪	礪	摩	2급	문지를 마	摩	摩	摩
驪	2급	검은말 려	驪	驪	驪	痲	2급	저릴 마	痲	痲	痲
漣	2급	잔물결 련	漣	漣	漣	魔	2급	마귀 마	魔	魔	魔
煉	2급	달굴 련	煉	煉	煉	膜	2급	꺼풀 막/막 막	膜	膜	膜
濂	2급	물이름 렴	濂	濂	濂	娩	2급	낳을 만	娩	娩	娩
玲	2급	옥소리 령	玲	玲	玲	灣	2급	물굽이 만	灣	灣	灣
醴	2급	단술 례	醴	醴	醴	蠻	2급	오랑캐 만	蠻	蠻	蠻
盧	2급	성 로	盧	盧	盧	靺	2급	말갈 말	靺	靺	靺
蘆	2급	갈대 로	蘆	蘆	蘆	網	2급	그물 망	網	網	網
魯	2급	노나라 로	魯	魯	魯	枚	2급	낱 매	枚	枚	枚
鷺	2급	백로 로	鷺	鷺	鷺	魅	2급	매혹할 매	魅	魅	魅
籠	2급	대바구니 롱	籠	籠	籠	貊	2급	맥국 맥	貊	貊	貊

8급~1급 총 3,500자 급수별 漢字쓰기 노트 [50]

▶ 아래 쓰기 漢字 위를 연필로 다 쓰고 나서 다시 그 위로 천천히 펜으로 써보세요.

한자	급수	훈·음	쓰기 1	쓰기 2	쓰기 3	한자	급수	훈·음	쓰기 1	쓰기 2	쓰기 3
覓	2급	찾을 멱	覓	覓	覓	閔	2급	성 민	閔	閔	閔
冕	2급	면류관 면	冕	冕	冕	舶	2급	배 박	舶	舶	舶
沔	2급	물이름 면	沔	沔	沔	潘	2급	성 반	潘	潘	潘
俛	2급	힘쓸 면	俛	俛	俛	磻	2급	반계 반/반계 번	磻	磻	磻
蔑	2급	업신여길 멸	蔑	蔑	蔑	搬	2급	옮길 반	搬	搬	搬
牟	2급	성모/보리 모	牟	牟	牟	渤	2급	바다이름 발	渤	渤	渤
茅	2급	띠 모	茅	茅	茅	鉢	2급	바리때 발	鉢	鉢	鉢
謨	2급	꾀 모	謨	謨	謨	旁	2급	곁 방	旁	旁	旁
帽	2급	모자 모	帽	帽	帽	龐	2급	높은 집 방	龐	龐	龐
矛	2급	창 모	矛	矛	矛	紡	2급	길쌈 방	紡	紡	紡
穆	2급	화목할 목	穆	穆	穆	裵	2급	성 배	裵	裵	裵
沐	2급	머리감을 목	沐	沐	沐	俳	2급	배우 배	俳	俳	俳
昴	2급	별이름 묘	昴	昴	昴	賠	2급	물어줄 배	賠	賠	賠
汶	2급	물이름 문	汶	汶	汶	柏	2급	측백 백	柏	柏	柏
紊	2급	어지러울 문	紊	紊	紊	筏	2급	뗏목 벌	筏	筏	筏
彌	2급	미륵/오랠 미	彌	彌	彌	閥	2급	문벌 벌	閥	閥	閥
旻	2급	하늘 민	旻	旻	旻	范	2급	성 범	范	范	范
旼	2급	화할 민	旼	旼	旼	汎	2급	넓을 범	汎	汎	汎
玟	2급	아름다운돌 민	玟	玟	玟	僻	2급	궁벽할 벽	僻	僻	僻
珉	2급	옥돌 민	珉	珉	珉	卞	2급	성 변	卞	卞	卞

8급~1급 총 3,500자 급수별 漢字쓰기 노트 [51]

▶ 아래 쓰기漢字 위를 연필로 다 쓰고 나서 다시 그 위로 천천히 펜으로 써보세요.

한자	급수	훈·음	쓰기 1	쓰기 2	쓰기 3	한자	급수	훈·음	쓰기 1	쓰기 2	쓰기 3
弁	2급	고깔 변	弁	弁	弁	弗	2급	아닐/말 불	弗	弗	弗
昞	2급	밝을 병	昞	昞	昞	鵬	2급	새 붕	鵬	鵬	鵬
昺	2급	밝을 병	昺	昺	昺	丕	2급	클 비	丕	丕	丕
柄	2급	자루 병	柄	柄	柄	毖	2급	삼갈 비	毖	毖	毖
炳	2급	불꽃 병	炳	炳	炳	毘	2급	도울 비	毘	毘	毘
秉	2급	잡을 병	秉	秉	秉	泌	2급	분비할 비/스며흐를 필	泌	泌	泌
倂	2급	아우를 병	倂	倂	倂	匪	2급	비적 비	匪	匪	匪
潽	2급	물이름 보	潽	潽	潽	彬	2급	빛날 빈	彬	彬	彬
甫	2급	클 보	甫	甫	甫	馮	2급	탈 빙/성 풍	馮	馮	馮
輔	2급	도울 보	輔	輔	輔	泗	2급	물이름 사	泗	泗	泗
馥	2급	향기 복	馥	馥	馥	唆	2급	부추길 사	唆	唆	唆
蓬	2급	쑥 봉	蓬	蓬	蓬	赦	2급	용서할 사	赦	赦	赦
俸	2급	녹 봉	俸	俸	俸	飼	2급	기를 사	飼	飼	飼
縫	2급	꿰맬 봉	縫	縫	縫	傘	2급	우산 산	傘	傘	傘
傅	2급	스승 부	傅	傅	傅	酸	2급	실 산	酸	酸	酸
釜	2급	가마 부	釜	釜	釜	蔘	2급	삼 삼	蔘	蔘	蔘
阜	2급	언덕 부	阜	阜	阜	插	2급	꽂을 삽	插	插	插
敷	2급	펼 부	敷	敷	敷	庠	2급	학교 상	庠	庠	庠
膚	2급	살갗 부	膚	膚	膚	箱	2급	상자 상	箱	箱	箱
芬	2급	향기 분	芬	芬	芬	舒	2급	펼 서	舒	舒	舒

8급~1급 총 3,500자 급수별 漢字쓰기 노트 [52]

▶ 아래 쓰기漢字 위를 연필로 다 쓰고 나서 다시 그 위로 천천히 펜으로 써보세요.

한자	급수	훈·음	쓰기1	쓰기2	쓰기3	한자	급수	훈·음	쓰기1	쓰기2	쓰기3
瑞	2급	상서 서	瑞	瑞	瑞	邵	2급	땅이름/성 소	邵	邵	邵
奭	2급	클/쌍백 석	奭	奭	奭	紹	2급	이을 소	紹	紹	紹
晳	2급	밝을 석	晳	晳	晳	宋	2급	성 송	宋	宋	宋
錫	2급	주석 석	錫	錫	錫	洙	2급	물가 수	洙	洙	洙
碩	2급	클 석	碩	碩	碩	銖	2급	저울눈 수	銖	銖	銖
瑄	2급	도리옥 선	瑄	瑄	瑄	隋	2급	수나라 수	隋	隋	隋
璇	2급	옥 선	璇	璇	璇	洵	2급	참으로 순	洵	洵	洵
璿	2급	구슬 선	璿	璿	璿	淳	2급	순박할 순	淳	淳	淳
繕	2급	기울 선	繕	繕	繕	珣	2급	옥이름 순	珣	珣	珣
卨	2급	사람이름 설	卨	卨	卨	舜	2급	순임금 순	舜	舜	舜
薛	2급	성 설	薛	薛	薛	荀	2급	풀이름 순	荀	荀	荀
暹	2급	나라이름 섬	暹	暹	暹	盾	2급	방패 순	盾	盾	盾
蟾	2급	두꺼비 섬	蟾	蟾	蟾	瑟	2급	큰거문고 슬	瑟	瑟	瑟
陝	2급	땅이름 섬	陝	陝	陝	繩	2급	노끈 승	繩	繩	繩
纖	2급	가늘 섬	纖	纖	纖	升	2급	되 승	升	升	升
燮	2급	불꽃 섭	燮	燮	燮	柴	2급	섶 시	柴	柴	柴
晟	2급	밝을 성	晟	晟	晟	屍	2급	주검 시	屍	屍	屍
貰	2급	세놓을 세	貰	貰	貰	湜	2급	물맑을 식	湜	湜	湜
巢	2급	새집 소	巢	巢	巢	軾	2급	수레가로나무 식	軾	軾	軾
沼	2급	못 소	沼	沼	沼	殖	2급	불릴 식	殖	殖	殖

8급~1급 총 3,500자 급수별 漢字쓰기 노트 [53]

▶ 아래 쓰기漢字 위를 연필로 다 쓰고 나서 다시 그 위로 천천히 펜으로 써보세요.

한자	급수	훈·음	쓰기1	쓰기2	쓰기3	한자	급수	훈·음	쓰기1	쓰기2	쓰기3
紳	2급	띠 신				厭	2급	싫어할 염			
腎	2급	콩팥 신				燁	2급	빛날 엽			
瀋	2급	즙낼/물이름 심				暎	2급	비칠 영			
握	2급	쥘 악				瑛	2급	옥빛 영			
閼	2급	막을 알				盈	2급	찰 영			
癌	2급	암 암				濊	2급	종족이름 예			
鴨	2급	오리 압				睿	2급	슬기 예			
埃	2급	티끌 애				芮	2급	성 예			
艾	2급	쑥 애				預	2급	맡길/미리 예			
礙	2급	거리낄 애				吳	2급	성 오			
倻	2급	가야 야				墺	2급	물가 오			
惹	2급	이끌 야				梧	2급	오동나무 오			
襄	2급	도울 양				沃	2급	기름질 옥			
孃	2급	아가씨 양				鈺	2급	보배 옥			
彦	2급	선비 언				穩	2급	편안할 온			
姸	2급	고울 연				甕	2급	독 옹			
淵	2급	못 연				邕	2급	막힐 옹			
衍	2급	넓을 연				雍	2급	화할 옹			
硯	2급	벼루 연				莞	2급	빙그레할 완/왕골 관			
閻	2급	마을 염				旺	2급	왕성할 왕			

8급~1급 총 3,500자 급수별 漢字쓰기 노트 [54]

▶ 아래 쓰기漢字 위를 연필로 다 쓰고 나서 다시 그 위로 천천히 펜으로 써보세요.

한자	급수	훈·음	쓰기 1	쓰기 2	쓰기 3	한자	급수	훈·음	쓰기 1	쓰기 2	쓰기 3
汪	2급	넓을 왕	汪	汪	汪	項	2급	삼갈 욱	項	項	項
倭	2급	왜나라 왜	倭	倭	倭	芸	2급	향풀 운	芸	芸	芸
歪	2급	기울 왜/기울 외	歪	歪	歪	蔚	2급	고을이름 울	蔚	蔚	蔚
堯	2급	요임금 요	堯	堯	堯	鬱	2급	답답할 울	鬱	鬱	鬱
姚	2급	예쁠 요	姚	姚	姚	熊	2급	곰 웅	熊	熊	熊
耀	2급	빛날 요	耀	耀	耀	媛	2급	계집 원	媛	媛	媛
妖	2급	요사할 요	妖	妖	妖	瑗	2급	구슬 원	瑗	瑗	瑗
溶	2급	녹을 용	溶	溶	溶	袁	2급	성 원	袁	袁	袁
瑢	2급	패옥소리 용	瑢	瑢	瑢	苑	2급	나라동산 원	苑	苑	苑
鎔	2급	쇠녹일 용	鎔	鎔	鎔	渭	2급	물이름 위	渭	渭	渭
鏞	2급	쇠북 용	鏞	鏞	鏞	韋	2급	가죽 위	韋	韋	韋
傭	2급	품팔 용	傭	傭	傭	魏	2급	성 위	魏	魏	魏
熔	2급	녹을 용	熔	熔	熔	尉	2급	벼슬 위	尉	尉	尉
佑	2급	도울 우	佑	佑	佑	兪	2급	대답할/인월도 유	兪	兪	兪
祐	2급	복 우	祐	祐	祐	庾	2급	곳집/노적가리 유	庾	庾	庾
禹	2급	성 우	禹	禹	禹	楡	2급	느릅나무 유	楡	楡	楡
旭	2급	아침해 욱	旭	旭	旭	踰	2급	넘을 유	踰	踰	踰
昱	2급	햇빛밝을 욱	昱	昱	昱	允	2급	맏 윤	允	允	允
煜	2급	빛날 욱	煜	煜	煜	尹	2급	성 윤	尹	尹	尹
郁	2급	성할 욱	郁	郁	郁	胤	2급	자손 윤	胤	胤	胤

8급~1급 총 3,500자 급수별 漢字쓰기 노트 [55]

▶ 아래 쓰기漢字 위를 연필로 다 쓰고 나서 다시 그 위로 천천히 펜으로 써보세요.

한자	급수	훈·음	쓰기1	쓰기2	쓰기3	한자	급수	훈·음	쓰기1	쓰기2	쓰기3
銳	2급	창 윤	銳	銳	銳	蠶	2급	누에 잠	蠶	蠶	蠶
融	2급	녹을 융	融	融	融	庄	2급	전장 장	庄	庄	庄
垠	2급	지경 은	垠	垠	垠	獐	2급	노루 장	獐	獐	獐
殷	2급	은나라 은	殷	殷	殷	璋	2급	홀 장	璋	璋	璋
誾	2급	향기 은	誾	誾	誾	蔣	2급	성 장	蔣	蔣	蔣
鷹	2급	매 응	鷹	鷹	鷹	沮	2급	막을 저	沮	沮	沮
伊	2급	저 이	伊	伊	伊	甸	2급	경기 전	甸	甸	甸
怡	2급	기쁠 이	怡	怡	怡	旌	2급	기 정	旌	旌	旌
珥	2급	귀고리 이	珥	珥	珥	晶	2급	맑을 정	晶	晶	晶
貳	2급	두/갖은두 이	貳	貳	貳	楨	2급	광나무 정	楨	楨	楨
翊	2급	도울 익	翊	翊	翊	汀	2급	물가 정	汀	汀	汀
刃	2급	칼날 인	刃	刃	刃	珽	2급	옥이름 정	珽	珽	珽
佾	2급	줄 춤 일	佾	佾	佾	禎	2급	상서로울 정	禎	禎	禎
鎰	2급	무게이름 일	鎰	鎰	鎰	鄭	2급	나라 정	鄭	鄭	鄭
壹	2급	한/갖은한 일	壹	壹	壹	鼎	2급	솥 정	鼎	鼎	鼎
妊	2급	아이밸 임	妊	妊	妊	偵	2급	염탐할 정	偵	偵	偵
滋	2급	불을 자	滋	滋	滋	呈	2급	드릴 정	呈	呈	呈
磁	2급	자석 자	磁	磁	磁	艇	2급	배 정	艇	艇	艇
諮	2급	물을 자	諮	諮	諮	劑	2급	약제 제	劑	劑	劑
雌	2급	암컷 자	雌	雌	雌	曹	2급	성 조	曹	曹	曹

8급~1급 총 3,500자 급수별 漢字쓰기 노트 [56]

▶ 아래 쓰기漢字 위를 연필로 다 쓰고 나서 다시 그 위로 천천히 펜으로 써보세요.

한자	급수	훈·음	쓰기 1	쓰기 2	쓰기 3	한자	급수	훈·음	쓰기 1	쓰기 2	쓰기 3
祚	2급	복 조	祚	祚	祚	稙	2급	올벼 직	稙	稙	稙
趙	2급	나라 조	趙	趙	趙	稷	2급	피 직	稷	稷	稷
彫	2급	새길 조	彫	彫	彫	晉	2급	진나라 진	晉	晉	晉
措	2급	둘 조	措	措	措	秦	2급	성 진	秦	秦	秦
釣	2급	낚을/낚시 조	釣	釣	釣	塵	2급	티끌 진	塵	塵	塵
琮	2급	옥홀 종	琮	琮	琮	津	2급	나루 진	津	津	津
綜	2급	모을 종	綜	綜	綜	診	2급	진찰할 진	診	診	診
疇	2급	이랑 주	疇	疇	疇	窒	2급	막힐 질	窒	窒	窒
駐	2급	머무를 주	駐	駐	駐	輯	2급	모을 집	輯	輯	輯
埈	2급	높을 준	埈	埈	埈	遮	2급	가릴 차	遮	遮	遮
峻	2급	높을/준엄할 준	峻	峻	峻	燦	2급	빛날 찬	燦	燦	燦
晙	2급	밝을 준	晙	晙	晙	璨	2급	옥빛 찬	璨	璨	璨
浚	2급	깊게할 준	浚	浚	浚	瓚	2급	옥잔 찬	瓚	瓚	瓚
濬	2급	깊을 준	濬	濬	濬	鑽	2급	뚫을 찬	鑽	鑽	鑽
駿	2급	준마 준	駿	駿	駿	餐	2급	밥 찬	餐	餐	餐
准	2급	비준 준	准	准	准	刹	2급	절 찰	刹	刹	刹
址	2급	터 지	址	址	址	札	2급	편지 찰	札	札	札
芝	2급	지초 지	芝	芝	芝	斬	2급	벨 참	斬	斬	斬
旨	2급	뜻 지	旨	旨	旨	敞	2급	시원할 창	敞	敞	敞
脂	2급	기름 지	脂	脂	脂	昶	2급	해 길 창	昶	昶	昶

8급~1급 총 3,500자 급수별 漢字쓰기 노트 [57]

▶ 아래 쓰기漢字 위를 연필로 다 쓰고 나서 다시 그 위로 천천히 펜으로 써보세요.

한자	급수	훈·음	쓰기 1	쓰기 2	쓰기 3	한자	급수	훈·음	쓰기 1	쓰기 2	쓰기 3
彰	2급	드러날 창	彰	彰	彰	楸	2급	가래 추	楸	楸	楸
滄	2급	큰바다 창	滄	滄	滄	鄒	2급	추나라 추	鄒	鄒	鄒
埰	2급	사패지 채	埰	埰	埰	趨	2급	달아날 추	趨	趨	趨
蔡	2급	성 채	蔡	蔡	蔡	蹴	2급	찰 축	蹴	蹴	蹴
采	2급	풍채 채	采	采	采	軸	2급	굴대 축	軸	軸	軸
悽	2급	슬퍼할 처	悽	悽	悽	椿	2급	참죽나무 춘	椿	椿	椿
陟	2급	오를 척	陟	陟	陟	沖	2급	화할 충	沖	沖	沖
隻	2급	외짝 척	隻	隻	隻	衷	2급	속마음 충	衷	衷	衷
釧	2급	팔찌 천	釧	釧	釧	聚	2급	모을 취	聚	聚	聚
喆	2급	밝을/쌍길 철	喆	喆	喆	炊	2급	불땔 취	炊	炊	炊
澈	2급	맑을 철	澈	澈	澈	峙	2급	언덕 치	峙	峙	峙
撤	2급	거둘 철	撤	撤	撤	雉	2급	꿩 치	雉	雉	雉
瞻	2급	볼 첨	瞻	瞻	瞻	琢	2급	다듬을 탁	琢	琢	琢
諜	2급	염탐할 첩	諜	諜	諜	託	2급	부탁할 탁	託	託	託
締	2급	맺을 체	締	締	締	灘	2급	여울 탄	灘	灘	灘
楚	2급	초나라 초	楚	楚	楚	耽	2급	즐길 탐	耽	耽	耽
哨	2급	망볼 초	哨	哨	哨	兌	2급	바꿀/기쁠 태	兌	兌	兌
焦	2급	탈 초	焦	焦	焦	台	2급	별 태	台	台	台
蜀	2급	나라이름 촉	蜀	蜀	蜀	胎	2급	아이밸 태	胎	胎	胎
崔	2급	성/높을 최	崔	崔	崔	颱	2급	태풍 태	颱	颱	颱

8급~1급 총 3,500자 급수별 漢字쓰기 노트 [58]

▶ 아래 쓰기漢字 위를 연필로 다 쓰고 나서 다시 그 위로 천천히 펜으로 써보세요.

한자	급수	훈·음	쓰기1	쓰기2	쓰기3	한자	급수	훈·음	쓰기1	쓰기2	쓰기3
坡	2급	언덕 파	坡	坡	坡	爀	2급	불빛 혁	爀	爀	爀
阪	2급	언덕 판	阪	阪	阪	赫	2급	빛날 혁	赫	赫	赫
霸	2급	으뜸 패	霸	霸	霸	峴	2급	고개 현	峴	峴	峴
彭	2급	성 팽	彭	彭	彭	炫	2급	밝을 현	炫	炫	炫
扁	2급	작을 편	扁	扁	扁	鉉	2급	솥귀 현	鉉	鉉	鉉
坪	2급	들 평	坪	坪	坪	弦	2급	시위 현	弦	弦	弦
葡	2급	포도 포	葡	葡	葡	陝	2급	좁을 협/땅이름 합	陝	陝	陝
鮑	2급	절인물고기 포	鮑	鮑	鮑	峽	2급	골짜기 협	峽	峽	峽
怖	2급	두려워할 포	怖	怖	怖	瀅	2급	물 맑을 형	瀅	瀅	瀅
抛	2급	던질 포	抛	抛	抛	炯	2급	빛날 형	炯	炯	炯
鋪	2급	펼/가게 포	鋪	鋪	鋪	瑩	2급	밝을 형/옥돌 영	瑩	瑩	瑩
杓	2급	북두자루 표	杓	杓	杓	邢	2급	성씨 형	邢	邢	邢
弼	2급	도울 필	弼	弼	弼	馨	2급	꽃다울 형	馨	馨	馨
虐	2급	모질 학	虐	虐	虐	型	2급	모형 형	型	型	型
邯	2급	조나라서울 한/사람이름 감	邯	邯	邯	壕	2급	해자 호	壕	壕	壕
翰	2급	편지 한	翰	翰	翰	扈	2급	따를 호	扈	扈	扈
艦	2급	큰 배 함	艦	艦	艦	昊	2급	하늘 호	昊	昊	昊
亢	2급	높을 항	亢	亢	亢	晧	2급	밝을 호	晧	晧	晧
沆	2급	넓을 항	沆	沆	沆	澔	2급	넓을 호	澔	澔	澔
杏	2급	살구 행	杏	杏	杏	皓	2급	흴[白] 호	皓	皓	皓

8급~1급 총 3,500자 급수별 漢字쓰기 노트 [59]

▶ 아래 쓰기漢字 위를 연필로 다 쓰고 나서 다시 그 위로 천천히 펜으로 써보세요.

한자	급수	훈·음	쓰기 1	쓰기 2	쓰기 3	한자	급수	훈·음	쓰기 1	쓰기 2	쓰기 3
祜	2급	복[福] 호	祜	祜	祜	熏	2급	불길 훈	熏	熏	熏
鎬	2급	호경 호	鎬	鎬	鎬	薰	2급	향풀 훈	薰	薰	薰
濠	2급	호주 호	濠	濠	濠	勳	2급	공 훈	勳	勳	勳
酷	2급	심할 혹	酷	酷	酷	徽	2급	아름다울 휘	徽	徽	徽
泓	2급	물깊을 홍	泓	泓	泓	休	2급	아름다울 휴	休	休	休
嬅	2급	탐스러울 화	嬅	嬅	嬅	匈	2급	오랑캐 흉	匈	匈	匈
樺	2급	벗나무/자작나무 화	樺	樺	樺	欽	2급	공경할 흠	欽	欽	欽
靴	2급	신 화	靴	靴	靴	嬉	2급	아름다울 희	嬉	嬉	嬉
桓	2급	굳셀 환	桓	桓	桓	憙	2급	기뻐할 희	憙	憙	憙
煥	2급	빛날 환	煥	煥	煥	熹	2급	빛날 희	熹	熹	熹
幻	2급	헛보일 환	幻	幻	幻	禧	2급	복 희	禧	禧	禧
滑	2급	미끄러울 활	滑	滑	滑	羲	2급	복희 희	羲	羲	羲
晃	2급	밝을 황	晃	晃	晃	噫	2급	한숨쉴 희	噫	噫	噫
滉	2급	깊을 황	滉	滉	滉	姬	2급	계집 희	姬	姬	姬
檜	2급	전나무 회	檜	檜	檜	熙	2급	빛날 희	熙	熙	熙
淮	2급	물이름 회	淮	淮	淮	呵	1급	꾸짖을 가	呵	呵	呵
廻	2급	돌 회	廻	廻	廻	哥	1급	성 가	哥	哥	哥
后	2급	임금/왕후 후	后	后	后	嘉	1급	아름다울 가	嘉	嘉	嘉
喉	2급	목구멍 후	喉	喉	喉	嫁	1급	시집갈 가	嫁	嫁	嫁
壎	2급	질나팔 훈	壎	壎	壎	稼	1급	심을 가	稼	稼	稼

8급~1급 총 3,500자 급수별 漢字쓰기 노트 [60]

▶ 아래 쓰기漢字 위를 연필로 다 쓰고 나서 다시 그 위로 천천히 펜으로 써보세요.

한자	급수	훈·음	쓰기 1	쓰기 2	쓰기 3	한자	급수	훈·음	쓰기 1	쓰기 2	쓰기 3
苛	1급	가혹할 가	苛	苛	苛	瞰	1급	굽어볼 감	瞰	瞰	瞰
袈	1급	가사 가	袈	袈	袈	紺	1급	감색 감	紺	紺	紺
駕	1급	멍에 가	駕	駕	駕	匣	1급	갑 갑	匣	匣	匣
恪	1급	삼갈 각	恪	恪	恪	閘	1급	수문 갑	閘	閘	閘
殼	1급	껍질 각	殼	殼	殼	慷	1급	슬플 강	慷	慷	慷
墾	1급	개간할 간	墾	墾	墾	糠	1급	겨 강	糠	糠	糠
奸	1급	간사할 간	奸	奸	奸	腔	1급	속빌 강	腔	腔	腔
揀	1급	가릴 간	揀	揀	揀	薑	1급	생강 강	薑	薑	薑
澗	1급	산골 물 간	澗	澗	澗	凱	1급	개선할 개	凱	凱	凱
癎	1급	간질 간	癎	癎	癎	愾	1급	성낼 개	愾	愾	愾
竿	1급	낚싯대 간	竿	竿	竿	漑	1급	물댈 개	漑	漑	漑
艱	1급	어려울 간	艱	艱	艱	箇	1급	낱 개	箇	箇	箇
諫	1급	간할 간	諫	諫	諫	芥	1급	겨자 개	芥	芥	芥
喝	1급	꾸짖을 갈	喝	喝	喝	羹	1급	국 갱	羹	羹	羹
竭	1급	다할 갈	竭	竭	竭	醵	1급	추렴할 거/갹	醵	醵	醵
褐	1급	갈색 갈	褐	褐	褐	倨	1급	거만할 거	倨	倨	倨
勘	1급	헤아릴 감	勘	勘	勘	渠	1급	개천 거	渠	渠	渠
堪	1급	견딜 감	堪	堪	堪	巾	1급	수건 건	巾	巾	巾
柑	1급	귤 감	柑	柑	柑	腱	1급	힘줄 건	腱	腱	腱
疳	1급	감질 감	疳	疳	疳	虔	1급	공경할 건	虔	虔	虔

8급~1급 총 3,500자 급수별 漢字쓰기 노트 [61]

▶ 아래 쓰기 漢字 위를 연필로 다 쓰고 나서 다시 그 위로 천천히 펜으로 써보세요.

한자	급수	훈·음	쓰기 1	쓰기 2	쓰기 3	한자	급수	훈·음	쓰기 1	쓰기 2	쓰기 3
劫	1급	위협할 겁				呱	1급	울 고			
怯	1급	겁낼 겁				拷	1급	칠 고			
偈	1급	불시 게				敲	1급	두드릴 고			
檄	1급	격문 격				痼	1급	고질 고			
膈	1급	가슴 격				股	1급	넓적다리 고			
覡	1급	박수 격				膏	1급	기름 고			
繭	1급	고치 견				袴	1급	바지 고			
譴	1급	꾸짖을 견				辜	1급	허물 고			
鵑	1급	두견새 견				錮	1급	막을 고			
勁	1급	굳셀 경				梏	1급	수갑 곡			
憬	1급	깨달을/동경할 경				鵠	1급	고니 곡			
梗	1급	줄기/막힐 경				昆	1급	맏 곤			
痙	1급	경련 경				棍	1급	몽둥이 곤			
磬	1급	경쇠 경				袞	1급	곤룡포 곤			
脛	1급	정강이 경				汨	1급	골몰할 골			
莖	1급	줄기 경				拱	1급	팔짱낄 공			
頸	1급	목 경				鞏	1급	굳을 공			
鯨	1급	고래 경				顆	1급	낱알 과			
悸	1급	두근거릴 계				廓	1급	둘레 곽			
叩	1급	두드릴 고				槨	1급	외관 곽			

8급~1급 총 3,500자 급수별 漢字쓰기 노트 [62]

▶ 아래 쓰기漢字 위를 연필로 다 쓰고 나서 다시 그 위로 천천히 펜으로 써보세요.

한자	급수	훈·음	쓰기 1	쓰기 2	쓰기 3	한자	급수	훈·음	쓰기 1	쓰기 2	쓰기 3
藿	1급	콩잎 곽	藿	藿	藿	嬌	1급	아리따울 교	嬌	嬌	嬌
棺	1급	널 관	棺	棺	棺	攪	1급	흔들 교	攪	攪	攪
灌	1급	물댈 관	灌	灌	灌	狡	1급	교활할 교	狡	狡	狡
顴	1급	광대뼈 관/광대뼈 권	顴	顴	顴	皎	1급	달빛 교	皎	皎	皎
刮	1급	긁을 괄	刮	刮	刮	蛟	1급	교룡 교	蛟	蛟	蛟
括	1급	묶을 괄	括	括	括	轎	1급	가마 교	轎	轎	轎
匡	1급	바룰 광	匡	匡	匡	驕	1급	교만할 교	驕	驕	驕
壙	1급	뫼 구덩이 광	壙	壙	壙	仇	1급	원수 구	仇	仇	仇
曠	1급	빌 광	曠	曠	曠	嘔	1급	토할 구	嘔	嘔	嘔
胱	1급	오줌통 광	胱	胱	胱	垢	1급	때 구	垢	垢	垢
卦	1급	점괘 괘	卦	卦	卦	寇	1급	도둑 구	寇	寇	寇
罫	1급	줄 괘	罫	罫	罫	嶇	1급	험할 구	嶇	嶇	嶇
乖	1급	어그러질 괴	乖	乖	乖	枸	1급	구기자 구	枸	枸	枸
拐	1급	후릴 괴	拐	拐	拐	柩	1급	널 구	柩	柩	柩
魁	1급	괴수 괴	魁	魁	魁	毆	1급	때릴 구	毆	毆	毆
宏	1급	클 굉	宏	宏	宏	溝	1급	도랑 구	溝	溝	溝
肱	1급	팔뚝 굉	肱	肱	肱	灸	1급	뜸 구	灸	灸	灸
轟	1급	울릴 굉	轟	轟	轟	矩	1급	모날 구	矩	矩	矩
咬	1급	물 교	咬	咬	咬	臼	1급	절구 구	臼	臼	臼
喬	1급	높을 교	喬	喬	喬	舅	1급	시아비 구	舅	舅	舅

70 [고급단계] 대학생 및 일반인 과정

8급~1급 총 3,500자 급수별 漢字쓰기 노트 [63]

▶ 아래 쓰기漢字 위를 연필로 다 쓰고 나서 다시 그 위로 천천히 펜으로 써보세요.

한자	급수	훈·음	쓰기 1	쓰기 2	쓰기 3	한자	급수	훈·음	쓰기 1	쓰기 2	쓰기 3
衢	1급	네거리 구	衢	衢	衢	窺	1급	엿볼 규	窺	窺	窺
謳	1급	노래 구	謳	謳	謳	葵	1급	해바라기 규	葵	葵	葵
軀	1급	몸 구	軀	軀	軀	逵	1급	길거리 규	逵	逵	逵
鉤	1급	갈고리 구	鉤	鉤	鉤	橘	1급	귤나무 귤	橘	橘	橘
駒	1급	망아지 구	駒	駒	駒	剋	1급	이길 극	剋	剋	剋
鳩	1급	비둘기 구	鳩	鳩	鳩	戟	1급	창 극	戟	戟	戟
廐	1급	마구 구	廐	廐	廐	棘	1급	가시 극	棘	棘	棘
窘	1급	군색할 군	窘	窘	窘	隙	1급	틈 극	隙	隙	隙
穹	1급	하늘 궁	穹	穹	穹	覲	1급	뵐 근	覲	覲	覲
躬	1급	몸 궁	躬	躬	躬	饉	1급	주릴 근	饉	饉	饉
倦	1급	게으를 권	倦	倦	倦	擒	1급	사로잡을 금	擒	擒	擒
捲	1급	말 권	捲	捲	捲	衾	1급	이불 금	衾	衾	衾
眷	1급	돌볼 권	眷	眷	眷	襟	1급	옷깃 금	襟	襟	襟
蹶	1급	일어설/넘어질 궐	蹶	蹶	蹶	扱	1급	거둘 급	扱	扱	扱
机	1급	책상 궤	机	机	机	汲	1급	물길을 급	汲	汲	汲
櫃	1급	궤짝 궤	櫃	櫃	櫃	亘	1급	뻗칠 긍/베풀 선	亘	亘	亘
潰	1급	무너질 궤	潰	潰	潰	矜	1급	자랑할 긍	矜	矜	矜
詭	1급	속일 궤	詭	詭	詭	伎	1급	재간 기	伎	伎	伎
几	1급	안석 궤	几	几	几	嗜	1급	즐길 기	嗜	嗜	嗜
硅	1급	규소 규	硅	硅	硅	妓	1급	기생 기	妓	妓	妓

8급~1급 총 3,500자 급수별 漢字쓰기 노트 [64]

▶ 아래 쓰기漢字 위를 연필로 다 쓰고 나서 다시 그 위로 천천히 펜으로 써보세요.

한자	급수	훈·음	쓰기1	쓰기2	쓰기3	한자	급수	훈·음	쓰기1	쓰기2	쓰기3
崎	1급	험할 기	崎	崎	崎	涅	1급	열반 녈	涅	涅	涅
碁	1급	돌 기	碁	碁	碁	弩	1급	쇠뇌 노	弩	弩	弩
杞	1급	구기자 기	杞	杞	杞	駑	1급	둔한 말 노	駑	駑	駑
畸	1급	떼기밭 기	畸	畸	畸	膿	1급	고름 농	膿	膿	膿
綺	1급	비단 기	綺	綺	綺	撓	1급	휠 뇨	撓	撓	撓
羈	1급	굴레 기	羈	羈	羈	訥	1급	말더듬거릴 눌	訥	訥	訥
肌	1급	살 기	肌	肌	肌	紐	1급	맺을 뉴	紐	紐	紐
譏	1급	비웃을 기	譏	譏	譏	匿	1급	숨길 닉	匿	匿	匿
拮	1급	일할 길	拮	拮	拮	簞	1급	소쿠리 단	簞	簞	簞
喫	1급	먹을 끽	喫	喫	喫	緞	1급	비단 단	緞	緞	緞
儺	1급	푸닥거리 나	儺	儺	儺	蛋	1급	새알 단	蛋	蛋	蛋
懦	1급	나약할 나	懦	懦	懦	撻	1급	때릴 달	撻	撻	撻
拏	1급	잡을 나	拏	拏	拏	疸	1급	황달 달	疸	疸	疸
拿	1급	잡을 나	拿	拿	拿	憺	1급	참담할 담	憺	憺	憺
煖	1급	더울 난	煖	煖	煖	曇	1급	흐릴 담	曇	曇	曇
捏	1급	꾸밀 날	捏	捏	捏	澹	1급	맑을 담	澹	澹	澹
捺	1급	누를 날	捺	捺	捺	痰	1급	가래 담	痰	痰	痰
衲	1급	기울 납	衲	衲	衲	譚	1급	클/말씀 담	譚	譚	譚
囊	1급	주머니 낭	囊	囊	囊	遝	1급	뒤섞일 답	遝	遝	遝
撚	1급	비빌 년	撚	撚	撚	撞	1급	칠 당	撞	撞	撞

72 • [고급단계] 대학생 및 일반인 과정

8급~1급 총 3,500자 급수별 漢字쓰기 노트 [65]

▶ 아래 쓰기漢字 위를 연필로 다 쓰고 나서 다시 그 위로 천천히 펜으로 써보세요.

한자	급수	훈·음	쓰기 1	쓰기 2	쓰기 3	한자	급수	훈·음	쓰기 1	쓰기 2	쓰기 3
棠	1급	아가위 당	棠	棠	棠	憧	1급	동경할 동	憧	憧	憧
螳	1급	사마귀 당	螳	螳	螳	疼	1급	아플 동	疼	疼	疼
擡	1급	들 대	擡	擡	擡	瞳	1급	눈동자 동	瞳	瞳	瞳
袋	1급	자루 대	袋	袋	袋	胴	1급	큰창자 동	胴	胴	胴
堵	1급	담 도	堵	堵	堵	兜	1급	투구 두	兜	兜	兜
屠	1급	죽일 도	屠	屠	屠	痘	1급	역질 두	痘	痘	痘
掉	1급	흔들 도	掉	掉	掉	臀	1급	볼기 둔	臀	臀	臀
搗	1급	찧을 도	搗	搗	搗	遁	1급	숨을 둔	遁	遁	遁
淘	1급	쌀일 도	淘	淘	淘	橙	1급	귤 등	橙	橙	橙
滔	1급	물 넘칠 도	滔	滔	滔	懶	1급	게으를 라	懶	懶	懶
濤	1급	물결 도	濤	濤	濤	癩	1급	문둥이 라	癩	癩	癩
睹	1급	볼 도	睹	睹	睹	螺	1급	소라 라	螺	螺	螺
禱	1급	빌 도	禱	禱	禱	邏	1급	순라 라	邏	邏	邏
萄	1급	포도 도	萄	萄	萄	烙	1급	지질 락	烙	烙	烙
賭	1급	내기 도	賭	賭	賭	酪	1급	쇠젖 락	酪	酪	酪
蹈	1급	밟을 도	蹈	蹈	蹈	駱	1급	낙타 락	駱	駱	駱
鍍	1급	도금할 도	鍍	鍍	鍍	瀾	1급	물결 란	瀾	瀾	瀾
瀆	1급	더럽힐 독	瀆	瀆	瀆	鸞	1급	난새 란	鸞	鸞	鸞
禿	1급	대머리 독	禿	禿	禿	剌	1급	발랄할 랄	剌	剌	剌
沌	1급	엉길 돈	沌	沌	沌	辣	1급	매울 랄	辣	辣	辣

8급~1급 총 3,500자 급수별 漢字쓰기 노트 [66]

▶ 아래 쓰기漢字 위를 연필로 다 쓰고 나서 다시 그 위로 천천히 펜으로 써보세요.

한자	급수	훈·음	쓰기 1	쓰기 2	쓰기 3	한자	급수	훈·음	쓰기 1	쓰기 2	쓰기 3
籃	1급	대바구니 람	籃	籃	籃	齡	1급	나이 령	齡	齡	齡
臘	1급	섣달 랍	臘	臘	臘	撈	1급	건질 로	撈	撈	撈
蠟	1급	밀 랍	蠟	蠟	蠟	擄	1급	노락질할 로	擄	擄	擄
狼	1급	이리 랑	狼	狼	狼	虜	1급	사로잡을 로	虜	虜	虜
倆	1급	재주 량	倆	倆	倆	碌	1급	푸른돌 록	碌	碌	碌
粱	1급	기장 량	粱	粱	粱	麓	1급	산기슭 록	麓	麓	麓
侶	1급	짝 려	侶	侶	侶	壟	1급	밭두둑 롱	壟	壟	壟
戾	1급	어그러질 려	戾	戾	戾	瓏	1급	옥소리 롱	瓏	瓏	瓏
濾	1급	거를 려	濾	濾	濾	聾	1급	귀먹을 롱	聾	聾	聾
閭	1급	마을 려	閭	閭	閭	傀	1급	꼭두각시 뢰	傀	傀	傀
黎	1급	검을 려	黎	黎	黎	牢	1급	우리 뢰	牢	牢	牢
瀝	1급	스밀 력	瀝	瀝	瀝	磊	1급	돌무더기 뢰	磊	磊	磊
礫	1급	조약돌 력	礫	礫	礫	賂	1급	뇌물 뢰	賂	賂	賂
輦	1급	가마 련	輦	輦	輦	寮	1급	동관 료	寮	寮	寮
斂	1급	거둘 렴	斂	斂	斂	燎	1급	횃불 료	燎	燎	燎
殮	1급	염할 렴	殮	殮	殮	瞭	1급	밝을 료	瞭	瞭	瞭
簾	1급	발 렴	簾	簾	簾	聊	1급	애오라지 료	聊	聊	聊
囹	1급	옥 령	囹	囹	囹	寥	1급	쓸쓸할 료(요)	寥	寥	寥
逞	1급	쾌할 령	逞	逞	逞	壘	1급	보루 루	壘	壘	壘
鈴	1급	방울 령	鈴	鈴	鈴	陋	1급	더러울 루	陋	陋	陋

[고급단계] 대학생 및 일반인 과정

8급~1급 총 3,500자 급수별 漢字쓰기 노트[67]

▶ 아래 쓰기漢字 위를 연필로 다 쓰고 나서 다시 그 위로 천천히 펜으로 써보세요.

한자	급수	훈·음	쓰기 1	쓰기 2	쓰기 3	한자	급수	훈·음	쓰기 1	쓰기 2	쓰기 3
溜	1급	처마물 류				釐	1급	다스릴 리			
琉	1급	유리 류				吝	1급	아낄 린			
瘤	1급	혹 류				燐	1급	도깨비불 린			
戮	1급	죽일 륙				躪	1급	짓밟을 린			
淪	1급	빠질 륜				鱗	1급	비늘 린			
綸	1급	벼리 륜				淋	1급	임질 림			
慄	1급	떨릴 률				笠	1급	삿갓 립			
勒	1급	굴레 륵				粒	1급	낟알 립			
肋	1급	갈빗대 륵				寞	1급	고요할 막			
凜	1급	찰 름				卍	1급	만 만			
凌	1급	업신여길 릉				彎	1급	굽을 만			
稜	1급	모날 릉				挽	1급	당길 만			
綾	1급	비단 릉				瞞	1급	속일 만			
菱	1급	마름 릉				蔓	1급	덩굴 만			
俚	1급	속될 리				輓	1급	끌/애도할 만			
悧	1급	영리할 리				饅	1급	만두 만			
痢	1급	이질 리				鰻	1급	뱀장어 만			
籬	1급	울타리 리				抹	1급	지울 말			
罹	1급	걸릴 리				沫	1급	물거품 말			
裡	1급	속 리				襪	1급	버선 말			

8급~1급 총 3,500자 급수별 漢字쓰기 노트 [68]

▶ 아래 쓰기漢字 위를 연필로 다 쓰고 나서 다시 그 위로 천천히 펜으로 써보세요.

한자	급수	훈·음	쓰기 1	쓰기 2	쓰기 3	한자	급수	훈·음	쓰기 1	쓰기 2	쓰기 3
芒	1급	까끄라기 망	芒	芒	芒	牡	1급	수컷 모	牡	牡	牡
惘	1급	멍할 망	惘	惘	惘	耗	1급	소모할 모	耗	耗	耗
寐	1급	잘 매	寐	寐	寐	糢	1급	모호할 모	糢	糢	糢
昧	1급	어두울 매	昧	昧	昧	歿	1급	죽을 몰	歿	歿	歿
煤	1급	그을음 매	煤	煤	煤	描	1급	그릴 묘	描	描	描
罵	1급	꾸짖을 매	罵	罵	罵	杳	1급	아득할 묘	杳	杳	杳
邁	1급	갈 매	邁	邁	邁	渺	1급	아득할 물/질펀할 묘	渺	渺	渺
呆	1급	어리석을 매	呆	呆	呆	猫	1급	고양이 묘	猫	猫	猫
萌	1급	움 맹	萌	萌	萌	巫	1급	무당 무	巫	巫	巫
棉	1급	목화 면	棉	棉	棉	憮	1급	어루만질 무	憮	憮	憮
眄	1급	곁눈질할 면	眄	眄	眄	拇	1급	엄지손가락 무	拇	拇	拇
緬	1급	멀 면	緬	緬	緬	撫	1급	어루만질 무	撫	撫	撫
麵	1급	국수 면	麵	麵	麵	毋	1급	말 무	毋	毋	毋
暝	1급	저물 명	暝	暝	暝	畝	1급	이랑 무/이랑 묘	畝	畝	畝
溟	1급	바다 명	溟	溟	溟	蕪	1급	거칠 무	蕪	蕪	蕪
皿	1급	그릇 명	皿	皿	皿	誣	1급	속일 무	誣	誣	誣
螟	1급	멸구 명	螟	螟	螟	蚊	1급	모기 문	蚊	蚊	蚊
酩	1급	술취할 명	酩	酩	酩	媚	1급	아첨할/예쁠 미	媚	媚	媚
袂	1급	소매 메	袂	袂	袂	薇	1급	장미 미	薇	薇	薇
摸	1급	더듬을 모	摸	摸	摸	靡	1급	쓰러질 미	靡	靡	靡

[고급단계] 대학생 및 일반인 과정

8급~1급 총 3,500자 급수별 漢字쓰기 노트 [69]

▶ 아래 쓰기漢字 위를 연필로 다 쓰고 나서 다시 그 위로 천천히 펜으로 써보세요.

한자	급수	훈·음	쓰기 1	쓰기 2	쓰기 3	한자	급수	훈·음	쓰기 1	쓰기 2	쓰기 3
悶	1급	답답할 민	悶	悶	悶	頒	1급	나눌 반	頒	頒	頒
謐	1급	고요할 밀	謐	謐	謐	勃	1급	노할 발	勃	勃	勃
剝	1급	벗길 박	剝	剝	剝	撥	1급	다스릴 발	撥	撥	撥
搏	1급	두드릴 박	搏	搏	搏	潑	1급	물뿌릴 발	潑	潑	潑
撲	1급	칠 박	撲	撲	撲	跋	1급	밟을 발	跋	跋	跋
樸	1급	순박할 박	樸	樸	樸	醱	1급	술괼 발	醱	醱	醱
珀	1급	호박 박	珀	珀	珀	魃	1급	가물 발	魃	魃	魃
箔	1급	발 박	箔	箔	箔	坊	1급	동네 방	坊	坊	坊
粕	1급	지게미 박	粕	粕	粕	尨	1급	삽살개 방	尨	尨	尨
縛	1급	얽을 박	縛	縛	縛	幇	1급	도울 방	幇	幇	幇
膊	1급	팔뚝 박	膊	膊	膊	彷	1급	헤맬 방	彷	彷	彷
駁	1급	논박할 박	駁	駁	駁	昉	1급	밝을 방	昉	昉	昉
拌	1급	버릴 반	拌	拌	拌	枋	1급	다목 방	枋	枋	枋
攀	1급	더위잡을 반	攀	攀	攀	榜	1급	방 붙일 방	榜	榜	榜
斑	1급	아롱질 반	斑	斑	斑	肪	1급	기름 방	肪	肪	肪
槃	1급	쟁반 반	槃	槃	槃	膀	1급	오줌통 방	膀	膀	膀
畔	1급	밭두둑 반	畔	畔	畔	謗	1급	헐뜯을 방	謗	謗	謗
礬	1급	백반 반	礬	礬	礬	徘	1급	어정거릴 배	徘	徘	徘
絆	1급	얽어맬 반	絆	絆	絆	湃	1급	물결칠 배	湃	湃	湃
蟠	1급	서릴 반	蟠	蟠	蟠	胚	1급	아기밸 배	胚	胚	胚

8급~1급 총 3,500자 급수별 漢字쓰기 노트 [70]

▶ 아래 쓰기漢字 위를 연필로 다 쓰고 나서 다시 그 위로 천천히 펜으로 써보세요.

한자	급수	훈·음	쓰기 1	쓰기 2	쓰기 3	한자	급수	훈·음	쓰기 1	쓰기 2	쓰기 3
陪	1급	모실 배	陪	陪	陪	菩	1급	보살 보	菩	菩	菩
帛	1급	비단 백	帛	帛	帛	僕	1급	종 복	僕	僕	僕
魄	1급	넋 백	魄	魄	魄	匐	1급	길 복	匐	匐	匐
蕃	1급	불을 번	蕃	蕃	蕃	輻	1급	바퀴살 복/바퀴살 폭	輻	輻	輻
藩	1급	울타리 번	藩	藩	藩	鰒	1급	전복 복	鰒	鰒	鰒
帆	1급	돛 범	帆	帆	帆	捧	1급	받들 봉	捧	捧	捧
梵	1급	불경 범	梵	梵	梵	棒	1급	막대 봉	棒	棒	棒
氾	1급	넘칠 범	氾	氾	氾	烽	1급	봉화 봉	烽	烽	烽
泛	1급	뜰 범	泛	泛	泛	鋒	1급	칼날 봉	鋒	鋒	鋒
劈	1급	쪼갤 벽	劈	劈	劈	俯	1급	구부릴 부	俯	俯	俯
擘	1급	엄지손가락 벽	擘	擘	擘	剖	1급	쪼갤 부	剖	剖	剖
璧	1급	구슬 벽	璧	璧	璧	咐	1급	분부할/불 부	咐	咐	咐
癖	1급	버릇 벽	癖	癖	癖	埠	1급	부두 부	埠	埠	埠
闢	1급	열 벽	闢	闢	闢	孵	1급	알깔 부	孵	孵	孵
瞥	1급	눈깜짝할 별	瞥	瞥	瞥	斧	1급	도끼 부	斧	斧	斧
鼈	1급	자라 별	鼈	鼈	鼈	腑	1급	육부 부	腑	腑	腑
瓶	1급	병 병	瓶	瓶	瓶	芙	1급	연꽃 부	芙	芙	芙
餠	1급	떡 병	餠	餠	餠	訃	1급	부고 부	訃	訃	訃
堡	1급	작은성 보	堡	堡	堡	賻	1급	부의 부	賻	賻	賻
洑	1급	보 보/스며흐를 복	洑	洑	洑	駙	1급	부마 부	駙	駙	駙

8급~1급 총 3,500자 급수별 漢字쓰기 노트 [71]

▶ 아래 쓰기漢字 위를 연필로 다 쓰고 나서 다시 그 위로 천천히 펜으로 써보세요.

한자	급수	훈·음	쓰기1	쓰기2	쓰기3	한자	급수	훈·음	쓰기1	쓰기2	쓰기3
吩	1급	분부할 분				秕	1급	쭉정이 비			
噴	1급	뿜을 분				緋	1급	비단 비			
忿	1급	성낼 분				翡	1급	물총새 비			
扮	1급	꾸밀 분				脾	1급	지라 비			
焚	1급	불사를 분				臂	1급	팔 비			
盆	1급	동이 분				蜚	1급	바퀴/날 비			
糞	1급	똥 분				裨	1급	도울 비			
雰	1급	눈날릴 분				誹	1급	헐뜯을 비			
彿	1급	비슷할 불				譬	1급	비유할 비			
棚	1급	사다리 붕				鄙	1급	더러울 비			
硼	1급	붕사 붕				妣	1급	죽은어미 비			
繃	1급	묶을 붕				嚬	1급	찡그릴 빈			
匕	1급	비수 비				嬪	1급	궁녀벼슬이름 빈			
庇	1급	덮을 비				殯	1급	빈소 빈			
憊	1급	고단할 비				濱	1급	물가 빈			
扉	1급	사립문 비				瀕	1급	물가/가까울 빈			
沸	1급	끓을 비/용솟음할 불				憑	1급	비길 빙			
琵	1급	비파 비				些	1급	적을 사			
痺	1급	저릴 비				嗣	1급	이을 사			
砒	1급	비상 비				奢	1급	사치할 사			

8급~1급 총 3,500자 급수별 漢字쓰기 노트 [72]

▶ 아래 쓰기漢字 위를 연필로 다 쓰고 나서 다시 그 위로 천천히 펜으로 써보세요.

한자	급수	훈·음	쓰기 1	쓰기 2	쓰기 3	한자	급수	훈·음	쓰기 1	쓰기 2	쓰기 3
娑	1급	춤출 사				璽	1급	옥새 새			
徙	1급	옮길 사				嗇	1급	아낄 색			
瀉	1급	쏟을 사				牲	1급	희생 생			
獅	1급	사자 사				甥	1급	생질 생			
祠	1급	사당 사				壻	1급	사위 서			
紗	1급	비단 사				嶼	1급	섬 서			
蓑	1급	도롱이 사				抒	1급	풀 서			
麝	1급	사향노루 사				曙	1급	새벽 서			
刪	1급	깎을 산				棲	1급	깃들일 서			
珊	1급	산호 산				犀	1급	무소 서			
疝	1급	산증 산				胥	1급	서로 서			
撒	1급	뿌릴 살				薯	1급	감자 서			
煞	1급	죽일 살				黍	1급	기장 서			
薩	1급	보살 살				鼠	1급	쥐 서			
滲	1급	스밀 삼				潟	1급	개펄 석			
澁	1급	떫을 삽				扇	1급	부채 선			
孀	1급	홀어미 상				煽	1급	부채질할 선			
爽	1급	시원할 상				羨	1급	부러워할 선/무덤길 연			
翔	1급	날 상				腺	1급	샘 선			
觴	1급	잔 상				膳	1급	선물/반찬 선			

[고급단계] 대학생 및 일반인 과정

8급~1급 총 3,500자 급수별 漢字쓰기 노트 [73]

▶ 아래 쓰기漢字 위를 연필로 다 쓰고 나서 다시 그 위로 천천히 펜으로 써보세요.

한자	급수	훈·음	쓰기1	쓰기2	쓰기3	한자	급수	훈·음	쓰기1	쓰기2	쓰기3
銑	1급	무쇠 선	銑	銑	銑	遜	1급	겸손할 손	遜	遜	遜
屑	1급	가루 설	屑	屑	屑	悚	1급	두려울 송	悚	悚	悚
泄	1급	샐 설	泄	泄	泄	灑	1급	뿌릴 쇄	灑	灑	灑
洩	1급	샐 설/퍼질 예	洩	洩	洩	碎	1급	부술 쇄	碎	碎	碎
渫	1급	파낼 설	渫	渫	渫	嫂	1급	형수 수	嫂	嫂	嫂
殲	1급	다죽일 섬	殲	殲	殲	戍	1급	수자리 수	戍	戍	戍
閃	1급	번쩍일 섬	閃	閃	閃	狩	1급	사냥할 수	狩	狩	狩
醒	1급	깰 성	醒	醒	醒	瘦	1급	여윌 수	瘦	瘦	瘦
塑	1급	흙 빚을 소	塑	塑	塑	穗	1급	이삭 수	穗	穗	穗
宵	1급	밤 소	宵	宵	宵	竪	1급	세울 수	竪	竪	竪
搔	1급	긁을 소	搔	搔	搔	粹	1급	순수할 수	粹	粹	粹
梳	1급	얼레빗 소	梳	梳	梳	繡	1급	수놓을 수	繡	繡	繡
甦	1급	깨어날 소	甦	甦	甦	羞	1급	부끄러울 수	羞	羞	羞
疎	1급	성길 소	疎	疎	疎	蒐	1급	모을 수	蒐	蒐	蒐
瘙	1급	피부병 소	瘙	瘙	瘙	袖	1급	소매 수	袖	袖	袖
簫	1급	퉁소 소	簫	簫	簫	酬	1급	갚을 수	酬	酬	酬
蕭	1급	쓸쓸할 소	蕭	蕭	蕭	髓	1급	뼛골 수	髓	髓	髓
逍	1급	노닐 소	逍	逍	逍	讎	1급	원수 수	讎	讎	讎
遡	1급	거스를 소	遡	遡	遡	塾	1급	굴방 숙	塾	塾	塾
贖	1급	속죄할 속	贖	贖	贖	夙	1급	이를 숙	夙	夙	夙

8급~1급 총 3,500자 급수별 漢字쓰기 노트 [74]

▶ 아래 쓰기 漢字 위를 연필로 다 쓰고 나서 다시 그 위로 천천히 펜으로 써보세요.

한자	급수	훈·음	쓰기1	쓰기2	쓰기3	한자	급수	훈·음	쓰기1	쓰기2	쓰기3
菽	1급	콩 숙				薪	1급	섶 신			
筍	1급	죽순 순				蜃	1급	큰조개 신			
醇	1급	전국술 순				訊	1급	물을 신			
馴	1급	길들일 순				迅	1급	빠를 신			
膝	1급	무릎 슬				悉	1급	다 실			
丞	1급	정승 승				什	1급	열사람 십/세간 집			
匙	1급	숟가락 시				俄	1급	아까 아			
媤	1급	시집 시				啞	1급	벙어리 아			
弑	1급	윗사람죽일 시				衙	1급	마을 아			
猜	1급	시기할 시				訝	1급	의심할 아			
諡	1급	시호 시				堊	1급	흰 흙 악			
豺	1급	승냥이 시				愕	1급	놀랄 악			
柿	1급	감 시				顎	1급	턱 악			
拭	1급	씻을 식				按	1급	누를 안			
熄	1급	불꺼질 식				晏	1급	늦을 안			
蝕	1급	좀먹을 식				鞍	1급	안장 안			
呻	1급	읊조릴 신				斡	1급	돌 알			
娠	1급	아이밸 신				軋	1급	삐걱거릴 알			
宸	1급	대궐 신				庵	1급	암자 암			
燼	1급	불탄끝 신				闇	1급	숨을 암			

82 [고급단계] 대학생 및 일반인 과정

8급~1급 총 3,500자 급수별 漢字쓰기 노트 [75]

▶ 아래 쓰기漢字 위를 연필로 다 쓰고 나서 다시 그 위로 천천히 펜으로 써보세요.

한자	급수	훈·음	쓰기1	쓰기2	쓰기3	한자	급수	훈·음	쓰기1	쓰기2	쓰기3
怏	1급	원망할 앙				釀	1급	술빚을 양			
秧	1급	모 앙				癢	1급	가려울 양			
鴦	1급	원앙 앙				圄	1급	옥 어			
昂	1급	높을 앙				瘀	1급	어혈질 어			
崖	1급	언덕 애				禦	1급	막을 어			
曖	1급	희미할 애				臆	1급	가슴 억			
隘	1급	좁을 애				堰	1급	둑 언			
靄	1급	아지랑이 애				諺	1급	언문/속담 언			
扼	1급	잡을 액				儼	1급	엄연할 엄			
縊	1급	목맬 액				奄	1급	문득 엄			
腋	1급	겨드랑이 액				掩	1급	가릴 엄			
櫻	1급	앵두 앵				繹	1급	풀 역			
鶯	1급	꾀꼬리 앵				捐	1급	버릴 연			
冶	1급	풀무 야				椽	1급	서까래 연			
揶	1급	야유할 야				筵	1급	대자리 연			
爺	1급	아비 야				鳶	1급	솔개 연			
葯	1급	꽃밥 약				焰	1급	불꽃 염			
恙	1급	병/근심할 양				艶	1급	고울 염			
攘	1급	물리칠 양				嬰	1급	어린아이 영			
瘍	1급	헐 양				曳	1급	끌 예			

1급 배정한자 3,500자 쓰기

8급~1급 총 3,500자 급수별 漢字쓰기 노트 [76]

▶ 아래 쓰기漢字 위를 연필로 다 쓰고 나서 다시 그 위로 천천히 펜으로 써보세요.

한자	급수	훈·음	쓰기 1	쓰기 2	쓰기 3	한자	급수	훈·음	쓰기 1	쓰기 2	쓰기 3
穢	1급	더러울 예	穢	穢	穢	巍	1급	높고 클 외	巍	巍	巍
裔	1급	후손 예	裔	裔	裔	猥	1급	외람할 외	猥	猥	猥
詣	1급	이를 예	詣	詣	詣	僥	1급	요행 요	僥	僥	僥
伍	1급	다섯사람 오	伍	伍	伍	凹	1급	오목할 요	凹	凹	凹
奧	1급	깊을 오	奧	奧	奧	夭	1급	일찍죽을 요	夭	夭	夭
寤	1급	잠깰 오	寤	寤	寤	拗	1급	우길 요	拗	拗	拗
懊	1급	한할 오	懊	懊	懊	擾	1급	시끄러울 요	擾	擾	擾
蘊	1급	쌓을 온	蘊	蘊	蘊	窈	1급	고요할 요	窈	窈	窈
壅	1급	막을 옹	壅	壅	壅	窯	1급	기와가마 요	窯	窯	窯
渦	1급	소용돌이 와	渦	渦	渦	邀	1급	맞을 요	邀	邀	邀
蝸	1급	달팽이 와	蝸	蝸	蝸	饒	1급	넉넉할 요	饒	饒	饒
訛	1급	그릇될 와	訛	訛	訛	涌	1급	물 솟을 용	涌	涌	涌
婉	1급	순할/아름다울 완	婉	婉	婉	聳	1급	솟을 용	聳	聳	聳
宛	1급	완연할 완	宛	宛	宛	茸	1급	풀날 용/버섯 이	茸	茸	茸
玩	1급	즐길 완	玩	玩	玩	蓉	1급	연꽃 용	蓉	蓉	蓉
腕	1급	팔뚝 완	腕	腕	腕	踊	1급	뛸 용	踊	踊	踊
阮	1급	성 완	阮	阮	阮	寓	1급	부칠 우	寓	寓	寓
頑	1급	완고할 완	頑	頑	頑	虞	1급	염려할/나라이름 우	虞	虞	虞
枉	1급	굽을 왕	枉	枉	枉	迂	1급	에돌 우	迂	迂	迂
矮	1급	난쟁이 왜	矮	矮	矮	隅	1급	모퉁이 우	隅	隅	隅

8급~1급 총 3,500자 급수별 漢字쓰기 노트 [77]

▶ 아래 쓰기 漢字 위를 연필로 다 쓰고 나서 다시 그 위로 천천히 펜으로 써보세요.

한자	급수	훈·음	쓰기1	쓰기2	쓰기3	한자	급수	훈·음	쓰기1	쓰기2	쓰기3
嵎	1급	산굽이 우	嵎	嵎	嵎	絨	1급	가는 베 융	絨	絨	絨
殞	1급	죽을 운	殞	殞	殞	蔭	1급	그늘 음	蔭	蔭	蔭
耘	1급	김맬 운	耘	耘	耘	揖	1급	읍할 읍	揖	揖	揖
隕	1급	떨어질 운	隕	隕	隕	膺	1급	가슴 응	膺	膺	膺
猿	1급	원숭이 원	猿	猿	猿	擬	1급	비길 의	擬	擬	擬
鴛	1급	원앙 원	鴛	鴛	鴛	椅	1급	의자 의	椅	椅	椅
冤	1급	원통할 원	冤	冤	冤	毅	1급	굳셀 의	毅	毅	毅
萎	1급	시들 위	萎	萎	萎	誼	1급	정 의	誼	誼	誼
喩	1급	깨우칠 유	喩	喩	喩	姨	1급	이모 이	姨	姨	姨
宥	1급	너그러울 유	宥	宥	宥	弛	1급	늦출 이	弛	弛	弛
愉	1급	즐거울 유	愉	愉	愉	爾	1급	너 이	爾	爾	爾
揄	1급	야유할 유	揄	揄	揄	痍	1급	상처 이	痍	痍	痍
柚	1급	유자 유	柚	柚	柚	餌	1급	미끼 이	餌	餌	餌
游	1급	헤엄칠 유	游	游	游	翌	1급	다음날 익	翌	翌	翌
癒	1급	병나을 유	癒	癒	癒	咽	1급	목구멍 인/목멜 열/삼킬 열	咽	咽	咽
諛	1급	아첨할 유	諛	諛	諛	湮	1급	묻힐 인	湮	湮	湮
諭	1급	타이를 유	諭	諭	諭	蚓	1급	지렁이 인	蚓	蚓	蚓
蹂	1급	밟을 유	蹂	蹂	蹂	靭	1급	질길 인	靭	靭	靭
鍮	1급	놋쇠 유	鍮	鍮	鍮	佚	1급	편안 일/질탕 질	佚	佚	佚
戎	1급	병장기/오랑캐 융	戎	戎	戎	溢	1급	넘칠 일	溢	溢	溢

8급~1급 총 3,500자 급수별 漢字쓰기 노트 [78]

▶ 아래 쓰기漢字 위를 연필로 다 쓰고 나서 다시 그 위로 천천히 펜으로 써보세요.

한자	급수	훈·음	쓰기 1	쓰기 2	쓰기 3	한자	급수	훈·음	쓰기 1	쓰기 2	쓰기 3
剩	1급	남을 잉				簪	1급	비녀 잠			
孕	1급	아이밸 잉				仗	1급	의장 장			
仔	1급	자세할 자				匠	1급	장인 장			
炙	1급	구울 자/구울 적				杖	1급	지팡이 장			
煮	1급	삶을 자				檣	1급	돛대 장			
瓷	1급	사기그릇 자				漿	1급	즙 장			
疵	1급	허물 자				薔	1급	장미 장			
蔗	1급	사탕수수 자				醬	1급	장 장			
藉	1급	깔/핑계할 자				滓	1급	찌끼 재			
勺	1급	구기 작				齋	1급	재계할/집 재			
嚼	1급	씹을 작				錚	1급	쇳소리 쟁			
灼	1급	불사를 작				咀	1급	씹을 저			
炸	1급	터질 작				狙	1급	원숭이/엿볼 저			
綽	1급	너그러울 작				箸	1급	젓가락 저			
芍	1급	함박꽃 작				詛	1급	저주할 저			
雀	1급	참새 작				躇	1급	머뭇거릴 저			
鵲	1급	까치 작				邸	1급	집 저			
棧	1급	사다리 잔				觝	1급	씨름 저			
盞	1급	잔 잔				豬	1급	돼지 저			
箴	1급	경계 잠				嫡	1급	정실 적			

8급~1급 총 3,500자 급수별 漢字쓰기 노트 [79]

▶ 아래 쓰기漢字 위를 연필로 다 쓰고 나서 다시 그 위로 천천히 펜으로 써보세요.

한자	급수	훈·음	쓰기1	쓰기2	쓰기3	한자	급수	훈·음	쓰기1	쓰기2	쓰기3
狄	1급	오랑캐 적	狄	狄	狄	顫	1급	떨 전	顫	顫	顫
謫	1급	귀양갈 적	謫	謫	謫	餞	1급	보낼 전	餞	餞	餞
迹	1급	자취 적	迹	迹	迹	截	1급	끊을 절	截	截	截
剪	1급	가위 전	剪	剪	剪	粘	1급	붙을 점	粘	粘	粘
塡	1급	메울 전	塡	塡	塡	霑	1급	젖을 점	霑	霑	霑
奠	1급	정할/제사 전	奠	奠	奠	幀	1급	그림족자 정	幀	幀	幀
廛	1급	가게 전	廛	廛	廛	挺	1급	빼어날 정	挺	挺	挺
悛	1급	고칠 전	悛	悛	悛	町	1급	밭두둑 정	町	町	町
栓	1급	마개 전	栓	栓	栓	睛	1급	눈동자 정	睛	睛	睛
氈	1급	담 전	氈	氈	氈	碇	1급	닻 정	碇	碇	碇
澱	1급	앙금 전	澱	澱	澱	穽	1급	함정 정	穽	穽	穽
煎	1급	달일 전	煎	煎	煎	酊	1급	술취할 정	酊	酊	酊
癲	1급	미칠 전	癲	癲	癲	釘	1급	못 정	釘	釘	釘
箋	1급	기록할 전	箋	箋	箋	錠	1급	덩이 정	錠	錠	錠
箭	1급	살 전	箭	箭	箭	靖	1급	편안할 정	靖	靖	靖
篆	1급	전자 전	篆	篆	篆	啼	1급	울 제	啼	啼	啼
纏	1급	얽을 전	纏	纏	纏	悌	1급	공손할 제	悌	悌	悌
輾	1급	돌아누울 전	輾	輾	輾	梯	1급	사다리 제	梯	梯	梯
銓	1급	사람가릴 전	銓	銓	銓	蹄	1급	굽 제	蹄	蹄	蹄
顚	1급	엎드러질/이마 전	顚	顚	顚	凋	1급	시들 조	凋	凋	凋

8급~1급 총 3,500자 급수별 漢字쓰기 노트 [80]

▶ 아래 쓰기漢字 위를 연필로 다 쓰고 나서 다시 그 위로 천천히 펜으로 써보세요.

한자	급수	훈·음	쓰기1	쓰기2	쓰기3	한자	급수	훈·음	쓰기1	쓰기2	쓰기3
嘲	1급	비웃을 조	嘲	嘲	嘲	腫	1급	종기 종	腫	腫	腫
曹	1급	무리 조	曹	曹	曹	踪	1급	자취 종	踪	踪	踪
棗	1급	대추 조	棗	棗	棗	踵	1급	발꿈치 종	踵	踵	踵
槽	1급	구유 조	槽	槽	槽	挫	1급	꺾을 좌	挫	挫	挫
漕	1급	배로실어나를 조	漕	漕	漕	做	1급	지을 주	做	做	做
爪	1급	손톱 조	爪	爪	爪	胄	1급	자손 주	胄	胄	胄
眺	1급	볼 조	眺	眺	眺	呪	1급	빌 주	呪	呪	呪
稠	1급	빽빽할 조	稠	稠	稠	嗾	1급	부추길 주	嗾	嗾	嗾
粗	1급	거칠 조	粗	粗	粗	廚	1급	부엌 주	廚	廚	廚
糟	1급	지게미 조	糟	糟	糟	紂	1급	주임금 주	紂	紂	紂
繰	1급	고치 켤 조	繰	繰	繰	紬	1급	명주 주	紬	紬	紬
肇	1급	비롯할 조	肇	肇	肇	註	1급	글뜻 풀 주	註	註	註
藻	1급	마름 조	藻	藻	藻	誅	1급	벨 주	誅	誅	誅
詔	1급	조서 조	詔	詔	詔	躊	1급	머뭇거릴 주	躊	躊	躊
躁	1급	조급할 조	躁	躁	躁	輳	1급	몰려들 주	輳	輳	輳
遭	1급	만날 조	遭	遭	遭	樽	1급	술통 준	樽	樽	樽
阻	1급	막힐 조	阻	阻	阻	竣	1급	마칠 준	竣	竣	竣
簇	1급	가는대 족	簇	簇	簇	蠢	1급	꾸물거릴 준	蠢	蠢	蠢
猝	1급	갑자기 졸	猝	猝	猝	櫛	1급	빗 즐	櫛	櫛	櫛
慫	1급	권할 종	慫	慫	慫	汁	1급	즙 즙	汁	汁	汁

8급~1급 총 3,500자 급수별 漢字쓰기 노트 [81]

▶ 아래 쓰기漢字 위를 연필로 다 쓰고 나서 다시 그 위로 천천히 펜으로 써보세요.

한자	급수	훈·음	쓰기 1	쓰기 2	쓰기 3	한자	급수	훈·음	쓰기 1	쓰기 2	쓰기 3
葺	1급	기울 즙				蹉	1급	미끄러질 차			
咫	1급	여덟치 지				搾	1급	짤 착			
摯	1급	잡을 지				窄	1급	좁을 착			
枳	1급	탱자 지/탱자 기				鑿	1급	뚫을 착			
祉	1급	복 지				撰	1급	지을 찬			
肢	1급	팔다리 지				纂	1급	모을 찬			
嗔	1급	성낼 진				饌	1급	반찬 찬			
疹	1급	마마 진				簒	1급	빼앗을 찬			
叱	1급	꾸짖을 질				擦	1급	문지를 찰			
嫉	1급	미워할 질				僭	1급	주제넘을 참			
帙	1급	책권차례 질				塹	1급	구덩이 참			
桎	1급	차꼬 질				懺	1급	뉘우칠 참			
膣	1급	음도 질				站	1급	역마을 참			
跌	1급	거꾸러질 질				讒	1급	참소할 참			
迭	1급	갈마들 질				讖	1급	예언 참			
斟	1급	짐작할 짐				倡	1급	광대 창			
朕	1급	나 짐				娼	1급	창녀 창			
澄	1급	맑을 징				廠	1급	공장 창			
叉	1급	갈래 차				愴	1급	슬플 창			
嗟	1급	탄식할 차				槍	1급	창 창			

8급~1급 총 3,500자 급수별 漢字쓰기 노트 [82]

▶ 아래 쓰기 漢字 위를 연필로 다 쓰고 나서 다시 그 위로 천천히 펜으로 써보세요.

한자	급수	훈·음	쓰기 1	쓰기 2	쓰기 3	한자	급수	훈·음	쓰기 1	쓰기 2	쓰기 3
漲	1급	넘칠 창	漲	漲	漲	僉	1급	다/여러 첨	僉	僉	僉
猖	1급	미쳐날뛸 창	猖	猖	猖	籤	1급	제비 첨	籤	籤	籤
瘡	1급	부스럼 창	瘡	瘡	瘡	諂	1급	아첨할 첨	諂	諂	諂
脹	1급	부을 창	脹	脹	脹	帖	1급	문서 첩	帖	帖	帖
艙	1급	부두 창	艙	艙	艙	捷	1급	빠를 첩	捷	捷	捷
菖	1급	창포 창	菖	菖	菖	牒	1급	편지 첩	牒	牒	牒
寨	1급	목책 채	寨	寨	寨	疊	1급	거듭 첩	疊	疊	疊
柵	1급	울타리 책	柵	柵	柵	貼	1급	붙일 첩	貼	貼	貼
凄	1급	쓸쓸할 처	凄	凄	凄	涕	1급	눈물 체	涕	涕	涕
擲	1급	던질 척	擲	擲	擲	諦	1급	살필 체	諦	諦	諦
滌	1급	씻을 척	滌	滌	滌	憔	1급	파리할 초	憔	憔	憔
瘠	1급	여윌 척	瘠	瘠	瘠	梢	1급	나무끝 초	梢	梢	梢
脊	1급	등마루 척	脊	脊	脊	樵	1급	나무할 초	樵	樵	樵
喘	1급	숨찰 천	喘	喘	喘	炒	1급	볶을 초	炒	炒	炒
擅	1급	멋대로할 천	擅	擅	擅	硝	1급	화약 초	硝	硝	硝
穿	1급	뚫을 천	穿	穿	穿	礁	1급	암초 초	礁	礁	礁
闡	1급	밝힐 천	闡	闡	闡	稍	1급	점점 초	稍	稍	稍
凸	1급	볼록할 철	凸	凸	凸	蕉	1급	파초 초	蕉	蕉	蕉
綴	1급	엮을 철	綴	綴	綴	貂	1급	담비 초	貂	貂	貂
轍	1급	바퀴자국 철	轍	轍	轍	醋	1급	초 초	醋	醋	醋

8급~1급 총 3,500자 급수별 漢字쓰기 노트 [83]

▶ 아래 쓰기漢字 위를 연필로 다 쓰고 나서 다시 그 위로 천천히 펜으로 써보세요.

한자	급수	훈·음	쓰기 1	쓰기 2	쓰기 3	한자	급수	훈·음	쓰기 1	쓰기 2	쓰기 3
囑	1급	부탁할 촉	囑	囑	囑	贅	1급	혹 췌	贅	贅	贅
忖	1급	헤아릴 촌	忖	忖	忖	娶	1급	장가들 취	娶	娶	娶
叢	1급	떨기/모일 총	叢	叢	叢	翠	1급	푸를/물총새 취	翠	翠	翠
塚	1급	무덤 총	塚	塚	塚	脆	1급	연할 취	脆	脆	脆
寵	1급	사랑할 총	寵	寵	寵	惻	1급	슬플 측	惻	惻	惻
撮	1급	모을/사진찍을 촬	撮	撮	撮	侈	1급	사치할 치	侈	侈	侈
墜	1급	떨어질 추	墜	墜	墜	嗤	1급	비웃을 치	嗤	嗤	嗤
椎	1급	쇠몽치/쇠골 추	椎	椎	椎	幟	1급	기 치	幟	幟	幟
樞	1급	지도리 추	樞	樞	樞	熾	1급	성할 치	熾	熾	熾
芻	1급	꼴 추	芻	芻	芻	痔	1급	치질 치	痔	痔	痔
酋	1급	우두머리 추	酋	酋	酋	癡	1급	어리석을 치	癡	癡	癡
錐	1급	송곳 추	錐	錐	錐	緻	1급	빽빽할 치	緻	緻	緻
錘	1급	저울추 추	錘	錘	錘	馳	1급	달릴 치	馳	馳	馳
鎚	1급	쇠망치 추	鎚	鎚	鎚	勅	1급	칙서 칙	勅	勅	勅
鰍	1급	미꾸라지 추	鰍	鰍	鰍	砧	1급	다듬잇돌 침	砧	砧	砧
槌	1급	망치 추/망치 퇴	槌	槌	槌	鍼	1급	침 침	鍼	鍼	鍼
黜	1급	내칠 출	黜	黜	黜	蟄	1급	숨을 칩	蟄	蟄	蟄
悴	1급	파리할 췌	悴	悴	悴	秤	1급	저울 칭	秤	秤	秤
膵	1급	췌장 췌	膵	膵	膵	唾	1급	침 타	唾	唾	唾
萃	1급	모을 췌	萃	萃	萃	惰	1급	게으를 타	惰	惰	惰

8급~1급 총 3,500자 급수별 漢字쓰기 노트 [84]

▶ 아래 쓰기漢字 위를 연필로 다 쓰고 나서 다시 그 위로 천천히 펜으로 써보세요.

한자	급수	훈·음	쓰기 1	쓰기 2	쓰기 3	한자	급수	훈·음	쓰기 1	쓰기 2	쓰기 3
楕	1급	길고 둥글 타	楕	楕	楕	慟	1급	서러워할 통	慟	慟	慟
舵	1급	키 타	舵	舵	舵	桶	1급	통 통	桶	桶	桶
陀	1급	비탈질/부처 타	陀	陀	陀	筒	1급	통 통	筒	筒	筒
駝	1급	낙타 타	駝	駝	駝	堆	1급	쌓을 퇴	堆	堆	堆
擢	1급	뽑을 탁	擢	擢	擢	腿	1급	넓적다리 퇴	腿	腿	腿
鐸	1급	방울 탁	鐸	鐸	鐸	褪	1급	바랠 퇴	褪	褪	褪
吞	1급	삼킬 탄	吞	吞	吞	頹	1급	무너질 퇴	頹	頹	頹
坦	1급	평탄할 탄	坦	坦	坦	套	1급	씌울 투	套	套	套
憚	1급	꺼릴 탄	憚	憚	憚	妬	1급	샘낼 투	妬	妬	妬
綻	1급	터질 탄	綻	綻	綻	慝	1급	사특할 특	慝	慝	慝
眈	1급	노려볼 탐	眈	眈	眈	婆	1급	할미 파	婆	婆	婆
搭	1급	탈 탑	搭	搭	搭	巴	1급	꼬리 파	巴	巴	巴
宕	1급	호탕할 탕	宕	宕	宕	爬	1급	긁을 파	爬	爬	爬
蕩	1급	방탕할 탕	蕩	蕩	蕩	琶	1급	비파 파	琶	琶	琶
汰	1급	일 태	汰	汰	汰	芭	1급	파초 파	芭	芭	芭
笞	1급	볼기칠 태	笞	笞	笞	跛	1급	절름발이 파/비스듬히설 피	跛	跛	跛
苔	1급	이끼 태	苔	苔	苔	辦	1급	힘들일 판	辦	辦	辦
跆	1급	밟을 태	跆	跆	跆	佩	1급	찰 패	佩	佩	佩
撐	1급	버틸 탱	撐	撐	撐	唄	1급	염불소리 패	唄	唄	唄
攄	1급	펼 터	攄	攄	攄	悖	1급	거스를 패	悖	悖	悖

8급~1급 총 3,500자 급수별 漢字쓰기 노트 [85]

▶ 아래 쓰기漢字 위를 연필로 다 쓰고 나서 다시 그 위로 천천히 펜으로 써보세요.

한자	급수	훈·음	쓰기 1	쓰기 2	쓰기 3	한자	급수	훈·음	쓰기 1	쓰기 2	쓰기 3
沛	1급	비쏟아질 패	沛	沛	沛	袍	1급	도포 포	袍	袍	袍
牌	1급	패 패	牌	牌	牌	襃	1급	기릴 포	襃	襃	襃
稗	1급	피 패	稗	稗	稗	逋	1급	도망갈 포	逋	逋	逋
澎	1급	물소리 팽	澎	澎	澎	庖	1급	부엌 포	庖	庖	庖
膨	1급	불을 팽	膨	膨	膨	曝	1급	쪼일 폭/쪼일 포	曝	曝	曝
愊	1급	강퍅할 퍅	愊	愊	愊	瀑	1급	폭포 폭/소나기 포	瀑	瀑	瀑
鞭	1급	채찍 편	鞭	鞭	鞭	剽	1급	겁박할 표	剽	剽	剽
騙	1급	속일 편	騙	騙	騙	慓	1급	급할 표	慓	慓	慓
貶	1급	낮출 폄	貶	貶	貶	豹	1급	표범 표	豹	豹	豹
萍	1급	부평초 평	萍	萍	萍	飄	1급	나부낄 표	飄	飄	飄
斃	1급	죽을 폐	斃	斃	斃	稟	1급	여쭐 품	稟	稟	稟
陛	1급	대궐섬돌 폐	陛	陛	陛	諷	1급	풍자할 풍	諷	諷	諷
匍	1급	길 포	匍	匍	匍	披	1급	헤칠 피	披	披	披
咆	1급	고함지를 포	咆	咆	咆	疋	1급	필 필	疋	疋	疋
哺	1급	먹일 포	哺	哺	哺	乏	1급	모자랄 핍	乏	乏	乏
圃	1급	채마밭 포	圃	圃	圃	逼	1급	핍박할 핍	逼	逼	逼
泡	1급	거품 포	泡	泡	泡	瑕	1급	허물 하	瑕	瑕	瑕
疱	1급	물집 포	疱	疱	疱	蝦	1급	두꺼비/새우 하	蝦	蝦	蝦
脯	1급	포 포	脯	脯	脯	遐	1급	멀 하	遐	遐	遐
蒲	1급	부들 포	蒲	蒲	蒲	霞	1급	노을 하	霞	霞	霞

8급~1급 총 3,500자 급수별 漢字쓰기 노트 [86]

▶ 아래 쓰기漢字 위를 연필로 다 쓰고 나서 다시 그 위로 천천히 펜으로 써보세요.

한자	급수	훈·음	쓰기 1	쓰기 2	쓰기 3	한자	급수	훈·음	쓰기 1	쓰기 2	쓰기 3
壑	1급	구렁 학	壑	壑	壑	懈	1급	게으를 해	懈	懈	懈
謔	1급	희롱할 학	謔	謔	謔	楷	1급	본보기 해	楷	楷	楷
瘧	1급	학질 학	瘧	瘧	瘧	諧	1급	화할 해	諧	諧	諧
悍	1급	사나울 한	悍	悍	悍	邂	1급	만날 해	邂	邂	邂
澣	1급	빨래할/열흘 한	澣	澣	澣	駭	1급	놀랄 해	駭	駭	駭
罕	1급	드물 한	罕	罕	罕	骸	1급	뼈 해	骸	骸	骸
轄	1급	다스릴 할	轄	轄	轄	劾	1급	꾸짖을 핵	劾	劾	劾
函	1급	함 함	函	函	函	嚮	1급	길잡을 향	嚮	嚮	嚮
喊	1급	소리칠 함	喊	喊	喊	饗	1급	잔치할 향	饗	饗	饗
檻	1급	난간 함	檻	檻	檻	噓	1급	불 허	噓	噓	噓
涵	1급	젖을 함	涵	涵	涵	墟	1급	터 허	墟	墟	墟
緘	1급	봉할 함	緘	緘	緘	歇	1급	쉴 헐	歇	歇	歇
銜	1급	재갈 함	銜	銜	銜	眩	1급	어지러울 현	眩	眩	眩
鹹	1급	짤 함	鹹	鹹	鹹	絢	1급	무늬 현	絢	絢	絢
盒	1급	합 합	盒	盒	盒	衒	1급	자랑할 현	衒	衒	衒
蛤	1급	조개 합	蛤	蛤	蛤	俠	1급	의기로울 협	俠	俠	俠
缸	1급	항아리 항	缸	缸	缸	挾	1급	낄 협	挾	挾	挾
肛	1급	항문 항	肛	肛	肛	狹	1급	좁을 협	狹	狹	狹
偕	1급	함께 해	偕	偕	偕	頰	1급	뺨 협	頰	頰	頰
咳	1급	기침 해	咳	咳	咳	荊	1급	가시나무 형	荊	荊	荊

8급~1급 총 3,500자 급수별 漢字쓰기 노트 [87]

▶ 아래 쓰기漢字 위를 연필로 다 쓰고 나서 다시 그 위로 천천히 펜으로 써보세요.

한자	급수	훈·음	쓰기1	쓰기2	쓰기3	한자	급수	훈·음	쓰기1	쓰기2	쓰기3
彗	1급	살별 혜	彗	彗	彗	徨	1급	헤맬 황	徨	徨	徨
醯	1급	식혜 혜	醯	醯	醯	恍	1급	황홀할 황	恍	恍	恍
弧	1급	활 호	弧	弧	弧	惶	1급	두려울 황	惶	惶	惶
狐	1급	여우 호	狐	狐	狐	慌	1급	어리둥절할 황	慌	慌	慌
琥	1급	호박 호	琥	琥	琥	煌	1급	빛날 황	煌	煌	煌
瑚	1급	산호 호	瑚	瑚	瑚	遑	1급	급할 황	遑	遑	遑
糊	1급	풀 호	糊	糊	糊	徊	1급	머뭇거릴 회	徊	徊	徊
渾	1급	흐릴 혼	渾	渾	渾	恢	1급	넓을 회	恢	恢	恢
惚	1급	황홀할 홀	惚	惚	惚	晦	1급	그믐 회	晦	晦	晦
笏	1급	홀 홀	笏	笏	笏	繪	1급	그림 회	繪	繪	繪
哄	1급	떠들썩할 홍	哄	哄	哄	膾	1급	회 회	膾	膾	膾
虹	1급	무지개 홍	虹	虹	虹	蛔	1급	회충 회	蛔	蛔	蛔
訌	1급	어지러울 홍	訌	訌	訌	誨	1급	가르칠 회	誨	誨	誨
喚	1급	부를 환	喚	喚	喚	賄	1급	뇌물 회	賄	賄	賄
宦	1급	벼슬 환	宦	宦	宦	哮	1급	성낼 효	哮	哮	哮
驩	1급	기뻐할 환	驩	驩	驩	嚆	1급	울릴 효	嚆	嚆	嚆
鰥	1급	홀아비 환	鰥	鰥	鰥	爻	1급	사귈/가로그을 효	爻	爻	爻
猾	1급	교활할 활	猾	猾	猾	酵	1급	삭힐 효	酵	酵	酵
闊	1급	넓을 활	闊	闊	闊	吼	1급	울부짖을 후	吼	吼	吼
凰	1급	봉황 황	凰	凰	凰	嗅	1급	맡을 후	嗅	嗅	嗅

8급~1급 총 3,500자 급수별 漢字쓰기 노트 [88]

▶ 아래 쓰기 漢字 위를 연필로 다 쓰고 나서 다시 그 위로 천천히 펜으로 써보세요.

한자	급수	훈·음	쓰기 1	쓰기 2	쓰기 3	쓰기 4	쓰기 5	쓰기 6	쓰기 7	쓰기 8	쓰기 9	쓰기 10
朽	1급	썩을 후										
逅	1급	만날 후										
彙	1급	무리 훈										
喧	1급	지껄일 훤										
卉	1급	풀 훼										
喙	1급	부리 훼										
彙	1급	무리 휘										
諱	1급	꺼릴 휘										
麾	1급	기 휘										
恤	1급	불쌍할 휼										
兇	1급	흉악할 흉										
洶	1급	용솟음칠 흉										
欣	1급	기쁠 흔										
痕	1급	흔적 흔										
欠	1급	하품 흠										
歆	1급	흠향할 흠										
恰	1급	흡사할 흡										
洽	1급	흡족할 흡										
犧	1급	희생 희										
詰	1급	꾸짖을 힐										

2장

漢字 8급~1급까지 총 3,500字
급수별 훈·음 쓰기 노트

[초급단계] 초등학생 과정

8급 : 배정한자　　　50字 훈·음 쓰기
7급 : 배정한자　　150字 훈·음 쓰기
6급 : 배정한자　　300字 훈·음 쓰기
5급 : 배정한자　　500字 훈·음 쓰기
준4급 : 배정한자　750字 훈·음 쓰기
4급 : 배정한자　1,000字 훈·음 쓰기

[중급단계] 중·고학생 과정

준3급 : 배정한자 1,500字 훈·음 쓰기
3급 : 배정한자　1,817字 훈·음 쓰기

[고급단계] 대학생 및 일반인 과정

2급 : 배정한자　2,355字 훈·음 쓰기
1급 : 배정한자　3,500字 훈·음 쓰기

8급~1급 총 3,500字 급수별 훈·음 쓰기 노트[1]

아래 쓰기 란에 각 급수에 해당하는 漢字의 훈·음을 바르게 써 보세요.

한자	급수	훈·음 쓰기	한자	급수	훈·음 쓰기	한자	급수	훈·음 쓰기	한자	급수	훈·음 쓰기
校	8급		四	8급		中	8급		氣	7급	
敎	8급		山	8급		靑	8급		男	7급	
九	8급		三	8급		寸	8급		內	7급	
國	8급		生	8급		七	8급		農	7급	
軍	8급		西	8급		土	8급		答	7급	
金	8급		先	8급		八	8급		道	7급	
南	8급		小	8급		學	8급		冬	7급	
女	8급		水	8급		韓	8급		同	7급	
年	8급		室	8급		兄	8급		洞	7급	
大	8급		十	8급		火	8급		動	7급	
東	8급		五	8급		家	7급		登	7급	
六	8급		王	8급		歌	7급		來	7급	
萬	8급		外	8급		間	7급		力	7급	
母	8급		月	8급		江	7급		老	7급	
木	8급		二	8급		車	7급		里	7급	
門	8급		人	8급		工	7급		林	7급	
民	8급		一	8급		空	7급		立	7급	
白	8급		日	8급		口	7급		每	7급	
父	8급		長	8급		旗	7급		面	7급	
北	8급		弟	8급		記	7급		名	7급	

8급~1급 총 3,500字 급수별 훈·음 쓰기 노트[2]

아래 쓰기 란에 각 급수에 해당하는 漢字의 훈·음을 바르게 써 보세요.

한자	급수	훈·음 쓰기	한자	급수	훈·음 쓰기	한자	급수	훈·음 쓰기	한자	급수	훈·음 쓰기
命	7급		時	7급		正	7급		下	7급	
文	7급		食	7급		祖	7급		夏	7급	
問	7급		植	7급		足	7급		漢	7급	
物	7급		心	7급		左	7급		海	7급	
方	7급		安	7급		主	7급		花	7급	
百	7급		語	7급		住	7급		話	7급	
夫	7급		然	7급		重	7급		活	7급	
不	7급		午	7급		地	7급		孝	7급	
事	7급		右	7급		紙	7급		後	7급	
算	7급		有	7급		直	7급		休	7급	
上	7급		育	7급		川	7급		各	6급	
色	7급		邑	7급		千	7급		角	6급	
夕	7급		入	7급		天	7급		感	6급	
姓	7급		子	7급		草	7급		強	6급	
世	7급		字	7급		村	7급		開	6급	
少	7급		自	7급		秋	7급		京	6급	
所	7급		場	7급		春	7급		計	6급	
手	7급		全	7급		出	7급		界	6급	
數	7급		前	7급		便	7급		高	6급	
市	7급		電	7급		平	7급		苦	6급	

8급~1급 총 3,500字 급수별 훈·음 쓰기 노트 [3]

아래 쓰기 란에 각 급수에 해당하는 漢字의 훈·음을 바르게 써 보세요.

한자	급수	훈·음 쓰기	한자	급수	훈·음 쓰기	한자	급수	훈·음 쓰기	한자	급수	훈·음 쓰기
古	6급		代	6급		美	6급		線	6급	
功	6급		對	6급		朴	6급		雪	6급	
公	6급		圖	6급		班	6급		省	6급	
共	6급		度	6급		反	6급		成	6급	
科	6급		讀	6급		半	6급		消	6급	
果	6급		童	6급		發	6급		速	6급	
光	6급		頭	6급		放	6급		孫	6급	
交	6급		等	6급		番	6급		樹	6급	
球	6급		樂	6급		別	6급		術	6급	
區	6급		路	6급		病	6급		習	6급	
郡	6급		綠	6급		服	6급		勝	6급	
近	6급		例	6급		本	6급		始	6급	
根	6급		禮	6급		部	6급		式	6급	
今	6급		李	6급		分	6급		神	6급	
級	6급		利	6급		社	6급		身	6급	
急	6급		理	6급		死	6급		信	6급	
多	6급		明	6급		使	6급		新	6급	
短	6급		目	6급		書	6급		失	6급	
堂	6급		聞	6급		石	6급		愛	6급	
待	6급		米	6급		席	6급		野	6급	

8급~1급 총 3,500字 급수별 훈·음 쓰기 노트 [4]

아래 쓰기 란에 각 급수에 해당하는 漢字의 훈·음을 바르게 써 보세요.

한자	급수	훈·음 쓰기	한자	급수	훈·음 쓰기	한자	급수	훈·음 쓰기	한자	급수	훈·음 쓰기
夜	6급		意	6급		清	6급		價	5급	
藥	6급		衣	6급		體	6급		加	5급	
弱	6급		醫	6급		親	6급		可	5급	
陽	6급		者	6급		太	6급		改	5급	
洋	6급		昨	6급		通	6급		客	5급	
言	6급		作	6급		特	6급		去	5급	
業	6급		章	6급		表	6급		擧	5급	
永	6급		在	6급		風	6급		健	5급	
英	6급		才	6급		合	6급		件	5급	
溫	6급		戰	6급		行	6급		建	5급	
勇	6급		庭	6급		幸	6급		格	5급	
用	6급		定	6급		向	6급		見	5급	
運	6급		題	6급		現	6급		決	5급	
園	6급		第	6급		形	6급		結	5급	
遠	6급		朝	6급		號	6급		輕	5급	
油	6급		族	6급		畫	6급		敬	5급	
由	6급		晝	6급		和	6급		競	5급	
銀	6급		注	6급		黃	6급		景	5급	
飮	6급		集	6급		會	6급		告	5급	
音	6급		窓	6급		訓	6급		固	5급	

8급~1급 총 3,500字 급수별 훈·음 쓰기 노트 [5]

아래 쓰기 란에 각 급수에 해당하는 漢字의 훈·음을 바르게 써 보세요.

한자	급수	훈·음 쓰기	한자	급수	훈·음 쓰기	한자	급수	훈·음 쓰기	한자	급수	훈·음 쓰기
考	5급		吉	5급		領	5급		費	5급	
曲	5급		念	5급		令	5급		比	5급	
課	5급		能	5급		勞	5급		鼻	5급	
過	5급		壇	5급		料	5급		氷	5급	
關	5급		團	5급		類	5급		寫	5급	
觀	5급		談	5급		流	5급		查	5급	
廣	5급		當	5급		陸	5급		史	5급	
橋	5급		德	5급		馬	5급		思	5급	
具	5급		都	5급		末	5급		士	5급	
救	5급		島	5급		亡	5급		仕	5급	
舊	5급		到	5급		望	5급		産	5급	
局	5급		獨	5급		買	5급		賞	5급	
貴	5급		落	5급		賣	5급		相	5급	
規	5급		朗	5급		無	5급		商	5급	
給	5급		冷	5급		倍	5급		序	5급	
汽	5급		良	5급		法	5급		選	5급	
期	5급		量	5급		變	5급		鮮	5급	
己	5급		旅	5급		兵	5급		船	5급	
技	5급		歷	5급		福	5급		仙	5급	
基	5급		練	5급		奉	5급		善	5급	

[초급단계] 초등학생 과정

8급~1급 총 3,500字 급수별 훈·음 쓰기 노트 [6]

아래 쓰기 란에 각 급수에 해당하는 漢字의 훈·음을 바르게 써 보세요.

한자	급수	훈·음 쓰기	한자	급수	훈·음 쓰기	한자	급수	훈·음 쓰기	한자	급수	훈·음 쓰기
說	5급		熱	5급		因	5급		卒	5급	
性	5급		葉	5급		任	5급		終	5급	
洗	5급		屋	5급		災	5급		種	5급	
歲	5급		完	5급		再	5급		罪	5급	
束	5급		曜	5급		材	5급		週	5급	
首	5급		要	5급		財	5급		州	5급	
宿	5급		浴	5급		爭	5급		止	5급	
順	5급		友	5급		貯	5급		知	5급	
示	5급		雨	5급		的	5급		質	5급	
識	5급		牛	5급		赤	5급		着	5급	
臣	5급		雲	5급		典	5급		參	5급	
實	5급		雄	5급		傳	5급		唱	5급	
兒	5급		院	5급		展	5급		責	5급	
惡	5급		原	5급		切	5급		鐵	5급	
案	5급		願	5급		節	5급		初	5급	
約	5급		元	5급		店	5급		最	5급	
養	5급		位	5급		情	5급		祝	5급	
魚	5급		偉	5급		停	5급		充	5급	
漁	5급		耳	5급		操	5급		致	5급	
億	5급		以	5급		調	5급		則	5급	

5급 500字 훈·음 쓰기

8급~1급 총 3,500字 급수별 훈·음 쓰기 노트 [7]

아래 쓰기 란에 각 급수에 해당하는 漢字의 훈·음을 바르게 써 보세요.

한자	급수	훈·음 쓰기	한자	급수	훈·음 쓰기	한자	급수	훈·음 쓰기	한자	급수	훈·음 쓰기
他	5급		街	준4		宮	준4		督	준4	
打	5급		假	준4		權	준4		毒	준4	
卓	5급		減	준4		極	준4		銅	준4	
炭	5급		監	준4		禁	준4		斗	준4	
宅	5급		康	준4		器	준4		豆	준4	
板	5급		講	준4		起	준4		得	준4	
敗	5급		個	준4		暖	준4		燈	준4	
品	5급		儉	준4		難	준4		羅	준4	
必	5급		潔	준4		怒	준4		兩	준4	
筆	5급		缺	준4		努	준4		麗	준4	
河	5급		慶	준4		斷	준4		連	준4	
寒	5급		警	준4		端	준4		列	준4	
害	5급		境	준4		檀	준4		錄	준4	
許	5급		經	준4		單	준4		論	준4	
湖	5급		係	준4		達	준4		留	준4	
化	5급		故	준4		擔	준4		律	준4	
患	5급		官	준4		黨	준4		滿	준4	
效	5급		求	준4		帶	준4		脈	준4	
凶	5급		句	준4		隊	준4		毛	준4	
黑	5급		究	준4		導	준4		牧	준4	

8급~1급 총 3,500字 급수별 훈·음 쓰기 노트[8]

아래 쓰기 란에 각 급수에 해당하는 漢字의 훈·음을 바르게 써 보세요.

한자	급수	훈·음 쓰기	한자	급수	훈·음 쓰기	한자	급수	훈·음 쓰기	한자	급수	훈·음 쓰기
武	준4		復	준4		設	준4		守	준4	
務	준4		府	준4		星	준4		純	준4	
味	준4		婦	준4		聖	준4		承	준4	
未	준4		副	준4		盛	준4		施	준4	
密	준4		富	준4		聲	준4		視	준4	
博	준4		佛	준4		城	준4		詩	준4	
防	준4		備	준4		誠	준4		試	준4	
房	준4		飛	준4		細	준4		是	준4	
訪	준4		悲	준4		稅	준4		息	준4	
配	준4		非	준4		勢	준4		申	준4	
背	준4		貧	준4		素	준4		深	준4	
拜	준4		謝	준4		掃	준4		眼	준4	
罰	준4		師	준4		笑	준4		暗	준4	
伐	준4		寺	준4		續	준4		壓	준4	
壁	준4		舍	준4		俗	준4		液	준4	
邊	준4		殺	준4		送	준4		羊	준4	
報	준4		狀	준4		收	준4		如	준4	
步	준4		常	준4		修	준4		餘	준4	
寶	준4		床	준4		受	준4		逆	준4	
保	준4		想	준4		授	준4		演	준4	

준4급 750字 훈·음 쓰기

8급~1급 총 3,500자 급수별 훈·음 쓰기 노트 [9]

아래 쓰기 란에 각 급수에 해당하는 漢字의 훈·음을 바르게 써 보세요.

한자	급수	훈·음 쓰기	한자	급수	훈·음 쓰기	한자	급수	훈·음 쓰기	한자	급수	훈·음 쓰기
研	준4		益	준4		製	준4		察	준4	
煙	준4		引	준4		助	준4		創	준4	
榮	준4		印	준4		鳥	준4		處	준4	
藝	준4		認	준4		早	준4		請	준4	
誤	준4		障	준4		造	준4		總	준4	
玉	준4		將	준4		尊	준4		銃	준4	
往	준4		低	준4		宗	준4		蓄	준4	
謠	준4		敵	준4		走	준4		築	준4	
容	준4		田	준4		竹	준4		蟲	준4	
圓	준4		絶	준4		準	준4		忠	준4	
員	준4		接	준4		衆	준4		取	준4	
衛	준4		程	준4		增	준4		測	준4	
爲	준4		政	준4		指	준4		治	준4	
肉	준4		精	준4		志	준4		置	준4	
恩	준4		濟	준4		至	준4		齒	준4	
陰	준4		提	준4		支	준4		侵	준4	
應	준4		制	준4		職	준4		快	준4	
義	준4		際	준4		進	준4		態	준4	
議	준4		除	준4		眞	준4		統	준4	
移	준4		祭	준4		次	준4		退	준4	

8급~1급 총 3,500字 급수별 훈·음 쓰기 노트 [10]

아래 쓰기 란에 각 급수에 해당하는 漢字의 훈·음을 바르게 써 보세요.

한자	급수	훈·음 쓰기	한자	급수	훈·음 쓰기	한자	급수	훈·음 쓰기	한자	급수	훈·음 쓰기
破	준4		護	준4		更	4급		庫	4급	
波	준4		呼	준4		據	4급		孤	4급	
砲	준4		戶	준4		拒	4급		穀	4급	
布	준4		好	준4		居	4급		困	4급	
包	준4		貨	준4		巨	4급		骨	4급	
暴	준4		確	준4		傑	4급		孔	4급	
票	준4		回	준4		儉	4급		攻	4급	
豊	준4		吸	준4		激	4급		管	4급	
限	준4		興	준4		擊	4급		鑛	4급	
航	준4		希	준4		犬	4급		構	4급	
港	준4		暇	4급		堅	4급		群	4급	
解	준4		覺	4급		鏡	4급		君	4급	
鄕	준4		刻	4급		傾	4급		屈	4급	
香	준4		簡	4급		驚	4급		窮	4급	
虛	준4		干	4급		戒	4급		勸	4급	
驗	준4		看	4급		季	4급		券	4급	
賢	준4		敢	4급		鷄	4급		卷	4급	
血	준4		甘	4급		階	4급		歸	4급	
協	준4		甲	4급		系	4급		均	4급	
惠	준4		降	4급		繼	4급		劇	4급	

8급~1급 총 3,500字 급수별 훈·음 쓰기 노트[11]

❖ 아래 쓰기 란에 각 급수에 해당하는 漢字의 훈·음을 바르게 써 보세요.

한자	급수	훈·음 쓰기	한자	급수	훈·음 쓰기	한자	급수	훈·음 쓰기	한자	급수	훈·음 쓰기
勤	4급		輪	4급		粉	4급		肅	4급	
筋	4급		離	4급		憤	4급		崇	4급	
奇	4급		妹	4급		碑	4급		氏	4급	
紀	4급		勉	4급		批	4급		額	4급	
寄	4급		鳴	4급		祕	4급		樣	4급	
機	4급		模	4급		辭	4급		嚴	4급	
納	4급		妙	4급		私	4급		與	4급	
段	4급		墓	4급		絲	4급		易	4급	
盜	4급		舞	4급		射	4급		域	4급	
逃	4급		拍	4급		散	4급		鉛	4급	
徒	4급		髮	4급		傷	4급		延	4급	
亂	4급		妨	4급		象	4급		緣	4급	
卵	4급		犯	4급		宣	4급		燃	4급	
覽	4급		範	4급		舌	4급		營	4급	
略	4급		辯	4급		屬	4급		迎	4급	
糧	4급		普	4급		損	4급		映	4급	
慮	4급		複	4급		松	4급		豫	4급	
烈	4급		伏	4급		頌	4급		優	4급	
龍	4급		否	4급		秀	4급		遇	4급	
柳	4급		負	4급		叔	4급		郵	4급	

8급~1급 총 3,500字 급수별 훈·음 쓰기 노트 [12]

아래 쓰기 란에 각 급수에 해당하는 漢字의 훈·음을 바르게 써 보세요.

한자	급수	훈·음 쓰기	한자	급수	훈·음 쓰기	한자	급수	훈·음 쓰기	한자	급수	훈·음 쓰기
源	4급		資	4급		占	4급		盡	4급	
援	4급		殘	4급		整	4급		珍	4급	
怨	4급		雜	4급		靜	4급		陣	4급	
委	4급		裝	4급		丁	4급		差	4급	
圍	4급		張	4급		帝	4급		讚	4급	
慰	4급		裝	4급		條	4급		採	4급	
威	4급		帳	4급		潮	4급		冊	4급	
危	4급		壯	4급		組	4급		泉	4급	
遺	4급		腸	4급		存	4급		廳	4급	
遊	4급		底	4급		鐘	4급		聽	4급	
儒	4급		績	4급		從	4급		招	4급	
乳	4급		賊	4급		座	4급		推	4급	
隱	4급		適	4급		周	4급		縮	4급	
儀	4급		籍	4급		朱	4급		就	4급	
疑	4급		積	4급		酒	4급		趣	4급	
依	4급		轉	4급		證	4급		層	4급	
異	4급		錢	4급		持	4급		針	4급	
仁	4급		專	4급		誌	4급		寢	4급	
姿	4급		折	4급		智	4급		稱	4급	
姊	4급		點	4급		織	4급		歎	4급	

4급 1,000字 훈·음 쓰기

8급~1급 총 3,500字 급수별 훈·음 쓰기 노트 [13]

아래 쓰기 란에 각 급수에 해당하는 漢字의 훈·음을 바르게 써 보세요.

한자	급수	훈·음 쓰기	한자	급수	훈·음 쓰기	한자	급수	훈·음 쓰기	한자	급수	훈·음 쓰기
彈	4급		抗	4급		佳	준3		兼	준3	
脫	4급		核	4급		架	준3		謙	준3	
探	4급		憲	4급		脚	준3		徑	준3	
擇	4급		險	4급		閣	준3		硬	준3	
討	4급		革	4급		刊	준3		耕	준3	
痛	4급		顯	4급		幹	준3		頃	준3	
投	4급		刑	4급		懇	준3		啓	준3	
鬪	4급		或	4급		肝	준3		契	준3	
派	4급		混	4급		鑑	준3		桂	준3	
判	4급		婚	4급		剛	준3		械	준3	
篇	4급		紅	4급		綱	준3		溪	준3	
評	4급		華	4급		鋼	준3		姑	준3	
閉	4급		環	4급		介	준3		稿	준3	
胞	4급		歡	4급		概	준3		鼓	준3	
爆	4급		況	4급		蓋	준3		哭	준3	
標	4급		灰	4급		距	준3		谷	준3	
疲	4급		候	4급		乾	준3		供	준3	
避	4급		厚	4급		劍	준3		恐	준3	
恨	4급		揮	4급		隔	준3		恭	준3	
閑	4급		喜	4급		訣	준3		貢	준3	

8급~1급 총 3,500字 급수별 훈·음 쓰기 노트 [14]

아래 쓰기 란에 각 급수에 해당하는 漢字의 훈·음을 바르게 써 보세요.

한자	급수	훈·음 쓰기	한자	급수	훈·음 쓰기	한자	급수	훈·음 쓰기	한자	급수	훈·음 쓰기
寡	준3		克	준3		但	준3		浪	준3	
誇	준3		琴	준3		旦	준3		郞	준3	
冠	준3		禽	준3		淡	준3		梁	준3	
寬	준3		錦	준3		踏	준3		涼	준3	
慣	준3		及	준3		唐	준3		勵	준3	
貫	준3		企	준3		糖	준3		曆	준3	
館	준3		其	준3		臺	준3		戀	준3	
狂	준3		畿	준3		貸	준3		聯	준3	
壞	준3		祈	준3		倒	준3		蓮	준3	
怪	준3		騎	준3		刀	준3		鍊	준3	
巧	준3		緊	준3		桃	준3		裂	준3	
較	준3		諾	준3		渡	준3		嶺	준3	
丘	준3		娘	준3		途	준3		靈	준3	
久	준3		耐	준3		陶	준3		爐	준3	
拘	준3		寧	준3		突	준3		露	준3	
菊	준3		奴	준3		凍	준3		祿	준3	
弓	준3		腦	준3		絡	준3		弄	준3	
拳	준3		泥	준3		欄	준3		賴	준3	
鬼	준3		茶	준3		蘭	준3		雷	준3	
菌	준3		丹	준3		廊	준3		樓	준3	

8급~1급 총 3,500字 급수별 훈·음 쓰기 노트 [15]

아래 쓰기 란에 각 급수에 해당하는 漢字의 훈·음을 바르게 써 보세요.

한자	급수	훈·음 쓰기	한자	급수	훈·음 쓰기	한자	급수	훈·음 쓰기	한자	급수	훈·음 쓰기
漏	준3		麥	준3		默	준3		補	준3	
累	준3		孟	준3		紋	준3		譜	준3	
倫	준3		猛	준3		勿	준3		腹	준3	
栗	준3		盲	준3		尾	준3		覆	준3	
率	준3		盟	준3		微	준3		封	준3	
隆	준3		免	준3		薄	준3		峯	준3	
陵	준3		眠	준3		迫	준3		逢	준3	
吏	준3		綿	준3		盤	준3		鳳	준3	
履	준3		滅	준3		般	준3		付	준3	
裏	준3		銘	준3		飯	준3		扶	준3	
臨	준3		慕	준3		拔	준3		浮	준3	
磨	준3		謀	준3		芳	준3		符	준3	
麻	준3		貌	준3		培	준3		簿	준3	
幕	준3		睦	준3		排	준3		腐	준3	
漠	준3		沒	준3		輩	준3		賦	준3	
莫	준3		夢	준3		伯	준3		附	준3	
晚	준3		蒙	준3		繁	준3		奔	준3	
妄	준3		茂	준3		凡	준3		奮	준3	
媒	준3		貿	준3		碧	준3		紛	준3	
梅	준3		墨	준3		丙	준3		拂	준3	

8급~1급 총 3,500字 급수별 훈·음 쓰기 노트 [16]

아래 쓰기 란에 각 급수에 해당하는 漢字의 훈·음을 바르게 써 보세요.

한자	급수	훈·음 쓰기	한자	급수	훈·음 쓰기	한자	급수	훈·음 쓰기	한자	급수	훈·음 쓰기
卑	준3		霜	준3		壽	준3		侍	준3	
妃	준3		塞	준3		帥	준3		飾	준3	
婢	준3		索	준3		愁	준3		愼	준3	
肥	준3		徐	준3		殊	준3		審	준3	
司	준3		恕	준3		獸	준3		甚	준3	
斜	준3		緖	준3		輸	준3		雙	준3	
沙	준3		署	준3		隨	준3		亞	준3	
祀	준3		惜	준3		需	준3		我	준3	
蛇	준3		釋	준3		淑	준3		牙	준3	
詞	준3		旋	준3		熟	준3		芽	준3	
邪	준3		禪	준3		巡	준3		阿	준3	
削	준3		燒	준3		旬	준3		雅	준3	
森	준3		疏	준3		瞬	준3		顔	준3	
像	준3		蘇	준3		述	준3		岸	준3	
償	준3		訴	준3		濕	준3		巖	준3	
喪	준3		訟	준3		拾	준3		仰	준3	
尙	준3		刷	준3		襲	준3		央	준3	
桑	준3		鎖	준3		乘	준3		哀	준3	
裳	준3		衰	준3		僧	준3		若	준3	
詳	준3		垂	준3		昇	준3		壤	준3	

8급~1급 총 3,500字 급수별 훈·음 쓰기 노트 [17]

❖ 아래 쓰기 란에 각 급수에 해당하는 漢字의 훈·음을 바르게 써 보세요.

한자	급수	훈·음 쓰기	한자	급수	훈·음 쓰기	한자	급수	훈·음 쓰기	한자	급수	훈·음 쓰기
揚	준3		悟	준3		悠	준3		丈	준3	
讓	준3		烏	준3		柔	준3		掌	준3	
御	준3		獄	준3		猶	준3		粧	준3	
憶	준3		瓦	준3		維	준3		臟	준3	
抑	준3		緩	준3		裕	준3		莊	준3	
亦	준3		慾	준3		誘	준3		葬	준3	
役	준3		欲	준3		潤	준3		藏	준3	
疫	준3		辱	준3		乙	준3		栽	준3	
譯	준3		偶	준3		淫	준3		裁	준3	
驛	준3		宇	준3		已	준3		載	준3	
宴	준3		愚	준3		翼	준3		抵	준3	
沿	준3		憂	준3		忍	준3		著	준3	
燕	준3		羽	준3		逸	준3		寂	준3	
軟	준3		韻	준3		壬	준3		摘	준3	
悅	준3		越	준3		賃	준3		笛	준3	
染	준3		僞	준3		刺	준3		跡	준3	
炎	준3		胃	준3		慈	준3		蹟	준3	
鹽	준3		謂	준3		紫	준3		殿	준3	
影	준3		幼	준3		暫	준3		漸	준3	
譽	준3		幽	준3		潛	준3		井	준3	

8급~1급 총 3,500字 급수별 훈·음 쓰기 노트 [18]

아래 쓰기 란에 각 급수에 해당하는 漢字의 훈·음을 바르게 써 보세요.

한자	급수	훈·음 쓰기	한자	급수	훈·음 쓰기	한자	급수	훈·음 쓰기	한자	급수	훈·음 쓰기
亭	준3		仲	준3		錯	준3		礎	준3	
廷	준3		卽	준3		贊	준3		肖	준3	
征	준3		憎	준3		倉	준3		超	준3	
淨	준3		曾	준3		昌	준3		促	준3	
貞	준3		症	준3		蒼	준3		觸	준3	
頂	준3		蒸	준3		債	준3		催	준3	
諸	준3		之	준3		彩	준3		追	준3	
齊	준3		枝	준3		菜	준3		畜	준3	
兆	준3		池	준3		策	준3		衝	준3	
照	준3		振	준3		妻	준3		吹	준3	
租	준3		辰	준3		尺	준3		醉	준3	
縱	준3		鎭	준3		戚	준3		側	준3	
坐	준3		陳	준3		拓	준3		値	준3	
奏	준3		震	준3		淺	준3		恥	준3	
宙	준3		疾	준3		賤	준3		稚	준3	
柱	준3		秩	준3		踐	준3		漆	준3	
株	준3		執	준3		遷	준3		沈	준3	
洲	준3		徵	준3		哲	준3		浸	준3	
珠	준3		借	준3		徹	준3		奪	준3	
鑄	준3		此	준3		滯	준3		塔	준3	

준3급 1,500字 훈·음 쓰기

8급~1급 총 3,500字 급수별 훈·음 쓰기 노트 [19]

아래 쓰기 란에 각 급수에 해당하는 漢字의 훈·음을 바르게 써 보세요.

한자	급수	훈·음 쓰기	한자	급수	훈·음 쓰기	한자	급수	훈·음 쓰기	한자	급수	훈·음 쓰기
湯	준3		畢	준3		胡	준3		却	3급	
殆	준3		何	준3		虎	준3		姦	3급	
泰	준3		荷	준3		豪	준3		渴	3급	
澤	준3		賀	준3		惑	준3		慨	3급	
兔	준3		鶴	준3		魂	준3		皆	3급	
吐	준3		汗	준3		忽	준3		乞	3급	
透	준3		割	준3		洪	준3		牽	3급	
版	준3		含	준3		禍	준3		絹	3급	
偏	준3		陷	준3		換	준3		肩	3급	
片	준3		恒	준3		還	준3		遣	3급	
編	준3		項	준3		皇	준3		卿	3급	
廢	준3		響	준3		荒	준3		庚	3급	
弊	준3		獻	준3		悔	준3		竟	3급	
肺	준3		懸	준3		懷	준3		癸	3급	
捕	준3		玄	준3		劃	준3		繫	3급	
浦	준3		穴	준3		獲	준3		枯	3급	
楓	준3		脅	준3		橫	준3		顧	3급	
彼	준3		衡	준3		胸	준3		坤	3급	
皮	준3		慧	준3		稀	준3		郭	3급	
被	준3		浩	준3		戲	준3		掛	3급	

8급~1급 총 3,500字 급수별 훈·음 쓰기 노트[20]

아래 쓰기 란에 각 급수에 해당하는 漢字의 훈·음을 바르게 써 보세요.

한자	급수	훈·음 쓰기	한자	급수	훈·음 쓰기	한자	급수	훈·음 쓰기	한자	급수	훈·음 쓰기
塊	3급		旣	3급		濫	3급		岡	3급	
愧	3급		棄	3급		掠	3급		茫	3급	
矯	3급		欺	3급		諒	3급		埋	3급	
郊	3급		豈	3급		憐	3급		冥	3급	
俱	3급		飢	3급		劣	3급		侮	3급	
懼	3급		那	3급		廉	3급		冒	3급	
狗	3급		乃	3급		獵	3급		慕	3급	
苟	3급		奈	3급		零	3급		暮	3급	
驅	3급		惱	3급		隷	3급		某	3급	
龜	3급		畓	3급		鹿	3급		卯	3급	
厥	3급		塗	3급		了	3급		廟	3급	
軌	3급		挑	3급		僚	3급		苗	3급	
叫	3급		稻	3급		屢	3급		戊	3급	
糾	3급		跳	3급		淚	3급		霧	3급	
僅	3급		篤	3급		梨	3급		眉	3급	
斤	3급		敦	3급		隣	3급		迷	3급	
謹	3급		豚	3급		慢	3급		憫	3급	
肯	3급		屯	3급		漫	3급		敏	3급	
幾	3급		鈍	3급		忘	3급		蜜	3급	
忌	3급		騰	3급		忙	3급		泊	3급	

8급~1급 총 3,500字 급수별 훈·음 쓰기 노트[21]

아래 쓰기 란에 각 급수에 해당하는 漢字의 훈·음을 바르게 써 보세요.

한자	급수	훈·음 쓰기	한자	급수	훈·음 쓰기	한자	급수	훈·음 쓰기	한자	급수	훈·음 쓰기
伴	3급		聘	3급		昭	3급		辛	3급	
叛	3급		似	3급		蔬	3급		尋	3급	
返	3급		巳	3급		騷	3급		餓	3급	
倣	3급		捨	3급		粟	3급		岳	3급	
傍	3급		斯	3급		誦	3급		雁	3급	
邦	3급		詐	3급		囚	3급		謁	3급	
杯	3급		賜	3급		搜	3급		押	3급	
煩	3급		朔	3급		睡	3급		殃	3급	
飜	3급		嘗	3급		誰	3급		涯	3급	
辨	3급		祥	3급		遂	3급		厄	3급	
屛	3급		庶	3급		雖	3급		也	3급	
竝	3급		敍	3급		須	3급		耶	3급	
卜	3급		暑	3급		孰	3급		躍	3급	
蜂	3급		誓	3급		循	3급		楊	3급	
赴	3급		逝	3급		殉	3급		於	3급	
墳	3급		昔	3급		脣	3급		焉	3급	
崩	3급		析	3급		戌	3급		予	3급	
朋	3급		攝	3급		矢	3급		余	3급	
賓	3급		涉	3급		伸	3급		汝	3급	
頻	3급		召	3급		晨	3급		與	3급	

118 [중급단계] 중·고생 과정

8급~1급 총 3,500字 급수별 훈·음 쓰기 노트 [22]

아래 쓰기 란에 각 급수에 해당하는 漢字의 훈·음을 바르게 써 보세요.

한자	급수	훈·음 쓰기	한자	급수	훈·음 쓰기	한자	급수	훈·음 쓰기	한자	급수	훈·음 쓰기
閱	3급		尤	3급		爵	3급		姪	3급	
泳	3급		云	3급		酌	3급		懲	3급	
詠	3급		緯	3급		墻	3급		且	3급	
銳	3급		違	3급		哉	3급		捉	3급	
傲	3급		唯	3급		宰	3급		慘	3급	
吾	3급		惟	3급		滴	3급		慙	3급	
鳴	3급		愈	3급		竊	3급		暢	3급	
娛	3급		酉	3급		蝶	3급		斥	3급	
汚	3급		閏	3급		訂	3급		薦	3급	
擁	3급		吟	3급		堤	3급		尖	3급	
翁	3급		泣	3급		弔	3급		添	3급	
臥	3급		凝	3급		燥	3급		妾	3급	
曰	3급		宜	3급		拙	3급		晴	3급	
畏	3급		矣	3급		佐	3급		替	3급	
搖	3급		夷	3급		舟	3급		逮	3급	
腰	3급		而	3급		俊	3급		遞	3급	
遙	3급		姻	3급		遵	3급		抄	3급	
庸	3급		寅	3급		贈	3급		秒	3급	
于	3급		恣	3급		只	3급		燭	3급	
又	3급		玆	3급		遲	3급		聰	3급	

3급 1,817字 훈·음 쓰기

8급~1급 총 3,500字 급수별 훈·음 쓰기 노트 [23]

아래 쓰기 란에 각 급수에 해당하는 漢字의 훈·음을 바르게 써 보세요.

한자	급수	훈·음 쓰기	한자	급수	훈·음 쓰기	한자	급수	훈·음 쓰기	한자	급수	훈·음 쓰기
抽	3급		遍	3급		螢	3급		軻	2급	
醜	3급		幣	3급		兮	3급		迦	2급	
丑	3급		蔽	3급		乎	3급		珏	2급	
逐	3급		抱	3급		互	3급		杆	2급	
臭	3급		飽	3급		毫	3급		艮	2급	
枕	3급		幅	3급		昏	3급		鞨	2급	
墮	3급		漂	3급		弘	3급		葛	2급	
妥	3급		匹	3급		鴻	3급		憾	2급	
托	3급		旱	3급		禾	3급		岬	2급	
濁	3급		咸	3급		擴	3급		鉀	2급	
濯	3급		巷	3급		穫	3급		姜	2급	
誕	3급		亥	3급		丸	3급		岡	2급	
貪	3급		奚	3급		曉	3급		崗	2급	
怠	3급		該	3급		侯	3급		疆	2급	
把	3급		享	3급		毁	3급		彊	2급	
播	3급		軒	3급		輝	3급		价	2급	
罷	3급		絃	3급		携	3급		塏	2급	
頗	3급		縣	3급		伽	2급		坑	2급	
販	3급		嫌	3급		柯	2급		鍵	2급	
貝	3급		亨	3급		賈	2급		杰	2급	

8급~1급 총 3,500字 급수별 훈·음 쓰기 노트[24]

아래 쓰기 란에 각 급수에 해당하는 漢字의 훈·음을 바르게 써 보세요.

한자	급수	훈·음 쓰기	한자	급수	훈·음 쓰기	한자	급수	훈·음 쓰기	한자	급수	훈·음 쓰기
桀	2급		膠	2급		岐	2급		塘	2급	
憩	2급		玖	2급		沂	2급		垈	2급	
揭	2급		邱	2급		淇	2급		戴	2급	
甄	2급		歐	2급		琦	2급		悳	2급	
倣	2급		購	2급		琪	2급		燾	2급	
炅	2급		鷗	2급		璣	2급		悼	2급	
璟	2급		鞠	2급		箕	2급		惇	2급	
瓊	2급		掘	2급		耆	2급		燉	2급	
皐	2급		窟	2급		騏	2급		頓	2급	
雇	2급		圈	2급		驥	2급		乭	2급	
戈	2급		闕	2급		麒	2급		董	2급	
瓜	2급		圭	2급		棋	2급		桐	2급	
菓	2급		奎	2급		濃	2급		棟	2급	
串	2급		揆	2급		尿	2급		杜	2급	
琯	2급		珪	2급		尼	2급		鄧	2급	
款	2급		閨	2급		溺	2급		藤	2급	
槐	2급		槿	2급		湍	2급		謄	2급	
傀	2급		瑾	2급		鍛	2급		裸	2급	
僑	2급		兢	2급		潭	2급		洛	2급	
絞	2급		冀	2급		膽	2급		爛	2급	

8급~1급 총 3,500字 급수별 훈·음 쓰기 노트 [25]

❖ 아래 쓰기 란에 각 급수에 해당하는 漢字의 훈·음을 바르게 써 보세요.

한자	급수	훈·음 쓰기	한자	급수	훈·음 쓰기	한자	급수	훈·음 쓰기	한자	급수	훈·음 쓰기
藍	2급		遼	2급		覓	2급		閔	2급	
拉	2급		療	2급		冕	2급		舶	2급	
萊	2급		劉	2급		沔	2급		潘	2급	
亮	2급		硫	2급		俛	2급		磻	2급	
樑	2급		謬	2급		蔑	2급		搬	2급	
輛	2급		崙	2급		牟	2급		渤	2급	
呂	2급		楞	2급		茅	2급		鉢	2급	
廬	2급		麟	2급		謨	2급		旁	2급	
礪	2급		摩	2급		帽	2급		龐	2급	
驪	2급		痲	2급		矛	2급		紡	2급	
漣	2급		魔	2급		穆	2급		裵	2급	
煉	2급		膜	2급		沐	2급		俳	2급	
濂	2급		娩	2급		昴	2급		賠	2급	
玲	2급		灣	2급		汶	2급		柏	2급	
醴	2급		蠻	2급		紊	2급		筏	2급	
盧	2급		靺	2급		彌	2급		閥	2급	
蘆	2급		網	2급		旻	2급		范	2급	
魯	2급		枚	2급		旼	2급		汎	2급	
鷺	2급		魅	2급		玟	2급		僻	2급	
籠	2급		貊	2급		珉	2급		卞	2급	

8급~1급 총 3,500字 급수별 훈·음 쓰기 노트 [26]

아래 쓰기 란에 각 급수에 해당하는 漢字의 훈·음을 바르게 써 보세요.

한자	급수	훈·음 쓰기	한자	급수	훈·음 쓰기	한자	급수	훈·음 쓰기	한자	급수	훈·음 쓰기
弁	2급		弗	2급		瑞	2급		邵	2급	
昞	2급		鵬	2급		奭	2급		紹	2급	
昺	2급		丕	2급		晳	2급		宋	2급	
柄	2급		毖	2급		錫	2급		洙	2급	
炳	2급		毘	2급		碩	2급		銖	2급	
秉	2급		泌	2급		瑄	2급		隋	2급	
倂	2급		匪	2급		璇	2급		洵	2급	
潽	2급		彬	2급		璿	2급		淳	2급	
甫	2급		馮	2급		繕	2급		珣	2급	
輔	2급		泗	2급		卨	2급		舜	2급	
馥	2급		唆	2급		薛	2급		荀	2급	
蓬	2급		赦	2급		暹	2급		盾	2급	
俸	2급		飼	2급		蟾	2급		瑟	2급	
縫	2급		傘	2급		陝	2급		繩	2급	
傅	2급		酸	2급		纖	2급		升	2급	
釜	2급		蔘	2급		燮	2급		柴	2급	
阜	2급		插	2급		晟	2급		屍	2급	
敷	2급		庠	2급		貰	2급		湜	2급	
膚	2급		箱	2급		巢	2급		軾	2급	
芬	2급		舒	2급		沼	2급		殖	2급	

2급 2,355字 훈·음 쓰기 123

8급~1급 총 3,500字 급수별 훈·음 쓰기 노트 [27]

아래 쓰기 란에 각 급수에 해당하는 漢字의 훈·음을 바르게 써 보세요.

한자	급수	훈·음 쓰기	한자	급수	훈·음 쓰기	한자	급수	훈·음 쓰기	한자	급수	훈·음 쓰기
紳	2급		厭	2급		汪	2급		項	2급	
腎	2급		燁	2급		倭	2급		芸	2급	
瀋	2급		暎	2급		歪	2급		蔚	2급	
握	2급		瑛	2급		堯	2급		鬱	2급	
閼	2급		盈	2급		姚	2급		熊	2급	
癌	2급		濊	2급		耀	2급		媛	2급	
鴨	2급		睿	2급		妖	2급		瑗	2급	
埃	2급		芮	2급		溶	2급		袁	2급	
艾	2급		預	2급		瑢	2급		苑	2급	
礙	2급		吳	2급		鎔	2급		渭	2급	
倻	2급		墺	2급		鏞	2급		韋	2급	
惹	2급		梧	2급		傭	2급		魏	2급	
襄	2급		沃	2급		熔	2급		尉	2급	
孃	2급		鈺	2급		佑	2급		兪	2급	
彦	2급		穩	2급		祐	2급		庾	2급	
妍	2급		甕	2급		禹	2급		楡	2급	
淵	2급		邕	2급		旭	2급		踰	2급	
衍	2급		雍	2급		昱	2급		允	2급	
硯	2급		莞	2급		煜	2급		尹	2급	
閻	2급		旺	2급		郁	2급		胤	2급	

8급~1급 총 3,500字 급수별 훈·음 쓰기 노트 [28]

아래 쓰기 란에 각 급수에 해당하는 漢字의 훈·음을 바르게 써 보세요.

한자	급수	훈·음 쓰기	한자	급수	훈·음 쓰기	한자	급수	훈·음 쓰기	한자	급수	훈·음 쓰기
鈗	2급		蠶	2급		祚	2급		稙	2급	
融	2급		庄	2급		趙	2급		稷	2급	
垠	2급		獐	2급		彫	2급		晋	2급	
殷	2급		璋	2급		措	2급		秦	2급	
誾	2급		蔣	2급		釣	2급		塵	2급	
鷹	2급		沮	2급		琮	2급		津	2급	
伊	2급		甸	2급		綜	2급		診	2급	
怡	2급		旋	2급		疇	2급		窒	2급	
珥	2급		晶	2급		駐	2급		輯	2급	
貳	2급		楨	2급		埈	2급		遮	2급	
翊	2급		汀	2급		峻	2급		燦	2급	
刃	2급		珽	2급		晙	2급		璨	2급	
俌	2급		禎	2급		浚	2급		瓚	2급	
鎰	2급		鄭	2급		濬	2급		鑽	2급	
壹	2급		鼎	2급		駿	2급		餐	2급	
妊	2급		偵	2급		准	2급		刹	2급	
滋	2급		呈	2급		址	2급		札	2급	
磁	2급		艇	2급		芝	2급		斬	2급	
諮	2급		劑	2급		旨	2급		敞	2급	
雌	2급		曺	2급		脂	2급		昶	2급	

2급 2,355字 훈·음 쓰기

8급~1급 총 3,500字 급수별 훈·음 쓰기 노트[29]

아래 쓰기 란에 각 급수에 해당하는 漢字의 훈·음을 바르게 써 보세요.

한자	급수	훈·음 쓰기	한자	급수	훈·음 쓰기	한자	급수	훈·음 쓰기	한자	급수	훈·음 쓰기
彰	2급		楸	2급		坡	2급		爀	2급	
滄	2급		鄒	2급		阪	2급		赫	2급	
埰	2급		趨	2급		霸	2급		峴	2급	
蔡	2급		蹴	2급		彭	2급		炫	2급	
采	2급		軸	2급		扁	2급		鉉	2급	
悽	2급		椿	2급		坪	2급		弦	2급	
陟	2급		沖	2급		葡	2급		陝	2급	
隻	2급		衷	2급		鮑	2급		峽	2급	
釧	2급		聚	2급		怖	2급		瀅	2급	
喆	2급		炊	2급		抛	2급		炯	2급	
澈	2급		峙	2급		鋪	2급		瑩	2급	
撤	2급		雉	2급		杓	2급		邢	2급	
瞻	2급		琢	2급		弼	2급		馨	2급	
諜	2급		託	2급		虐	2급		邢	2급	
締	2급		灘	2급		邯	2급		壕	2급	
楚	2급		耽	2급		翰	2급		扈	2급	
哨	2급		兌	2급		艦	2급		昊	2급	
焦	2급		台	2급		亢	2급		晧	2급	
蜀	2급		胎	2급		沆	2급		澔	2급	
崔	2급		颱	2급		杏	2급		皓	2급	

8급~1급 총 3,500字 급수별 훈·음 쓰기 노트[30]

아래 쓰기 란에 각 급수에 해당하는 漢字의 훈·음을 바르게 써 보세요.

한자	급수	훈·음 쓰기	한자	급수	훈·음 쓰기	한자	급수	훈·음 쓰기	한자	급수	훈·음 쓰기
祜	2급		熏	2급		苛	1급		瞰	1급	
鎬	2급		薰	2급		袈	1급		紺	1급	
濠	2급		勳	2급		駕	1급		匣	1급	
酷	2급		徽	2급		恪	1급		閘	1급	
泓	2급		烋	2급		殼	1급		慷	1급	
嬅	2급		匈	2급		墾	1급		糠	1급	
樺	2급		欽	2급		奸	1급		腔	1급	
靴	2급		嬉	2급		揀	1급		薑	1급	
桓	2급		憙	2급		澗	1급		凱	1급	
煥	2급		熹	2급		癎	1급		慨	1급	
幻	2급		禧	2급		竿	1급		漑	1급	
滑	2급		羲	2급		艱	1급		箇	1급	
晃	2급		噫	2급		諫	1급		芥	1급	
滉	2급		姬	2급		喝	1급		羹	1급	
檜	2급		熙	2급		竭	1급		醵	1급	
淮	2급		呵	1급		褐	1급		倨	1급	
廻	2급		哥	1급		勘	1급		渠	1급	
后	2급		嘉	1급		堪	1급		巾	1급	
喉	2급		嫁	1급		柑	1급		腱	1급	
壎	2급		稼	1급		疳	1급		虔	1급	

8급~1급 총 3,500字 급수별 훈·음 쓰기 노트 [31]

아래 쓰기 란에 각 급수에 해당하는 漢字의 훈·음을 바르게 써 보세요.

한자	급수	훈·음 쓰기	한자	급수	훈·음 쓰기	한자	급수	훈·음 쓰기	한자	급수	훈·음 쓰기
劫	1급		呱	1급		藿	1급		嬌	1급	
怯	1급		拷	1급		棺	1급		攪	1급	
偈	1급		敲	1급		灌	1급		狡	1급	
檄	1급		痼	1급		顴	1급		皎	1급	
膈	1급		股	1급		刮	1급		蛟	1급	
覡	1급		膏	1급		括	1급		轎	1급	
繭	1급		袴	1급		匡	1급		驕	1급	
譴	1급		辜	1급		壙	1급		仇	1급	
鵑	1급		錮	1급		曠	1급		嘔	1급	
勁	1급		梏	1급		胱	1급		垢	1급	
憬	1급		鵠	1급		卦	1급		寇	1급	
梗	1급		昆	1급		罫	1급		嶇	1급	
痙	1급		棍	1급		乖	1급		枸	1급	
磬	1급		袞	1급		拐	1급		柩	1급	
脛	1급		汨	1급		魁	1급		毆	1급	
莖	1급		拱	1급		宏	1급		溝	1급	
頸	1급		鞏	1급		肱	1급		灸	1급	
鯨	1급		顆	1급		轟	1급		矩	1급	
悸	1급		廓	1급		咬	1급		臼	1급	
叩	1급		槨	1급		喬	1급		舅	1급	

8급~1급 총 3,500字 급수별 훈·음 쓰기 노트 [32]

아래 쓰기 란에 각 급수에 해당하는 漢字의 훈·음을 바르게 써 보세요.

한자	급수	훈·음 쓰기	한자	급수	훈·음 쓰기	한자	급수	훈·음 쓰기	한자	급수	훈·음 쓰기
衢	1급		窺	1급		崎	1급		涅	1급	
嘔	1급		葵	1급		朞	1급		弩	1급	
軀	1급		達	1급		杞	1급		駑	1급	
鉤	1급		橘	1급		畸	1급		膿	1급	
駒	1급		剋	1급		綺	1급		撓	1급	
鳩	1급		戟	1급		羈	1급		訥	1급	
廏	1급		棘	1급		肌	1급		紐	1급	
窘	1급		隙	1급		譏	1급		匿	1급	
穹	1급		覲	1급		拮	1급		簞	1급	
躬	1급		饉	1급		喫	1급		緞	1급	
倦	1급		擒	1급		儺	1급		蛋	1급	
捲	1급		衾	1급		懦	1급		撻	1급	
眷	1급		襟	1급		拏	1급		疸	1급	
蹶	1급		扱	1급		拿	1급		憺	1급	
机	1급		汲	1급		煖	1급		曇	1급	
櫃	1급		亘	1급		捏	1급		澹	1급	
潰	1급		矜	1급		捺	1급		痰	1급	
詭	1급		伎	1급		衲	1급		譚	1급	
几	1급		嗜	1급		囊	1급		遝	1급	
硅	1급		妓	1급		撚	1급		撞	1급	

8급~1급 총 3,500字 급수별 훈·음 쓰기 노트[33]

아래 쓰기 란에 각 급수에 해당하는 漢字의 훈·음을 바르게 써 보세요.

한자	급수	훈·음 쓰기	한자	급수	훈·음 쓰기	한자	급수	훈·음 쓰기	한자	급수	훈·음 쓰기
棠	1급		憧	1급		籃	1급		齡	1급	
螳	1급		疼	1급		臘	1급		撈	1급	
擡	1급		瞳	1급		蠟	1급		擄	1급	
袋	1급		胴	1급		狼	1급		虜	1급	
堵	1급		兜	1급		倆	1급		碌	1급	
屠	1급		痘	1급		梁	1급		麓	1급	
掉	1급		臀	1급		侶	1급		壟	1급	
搗	1급		遁	1급		戾	1급		瓏	1급	
淘	1급		橙	1급		濾	1급		聾	1급	
滔	1급		懶	1급		閭	1급		儡	1급	
濤	1급		癩	1급		黎	1급		牢	1급	
睹	1급		螺	1급		瀝	1급		磊	1급	
禱	1급		邏	1급		礫	1급		賂	1급	
萄	1급		烙	1급		輦	1급		寮	1급	
賭	1급		酪	1급		斂	1급		燎	1급	
蹈	1급		駱	1급		殮	1급		瞭	1급	
鍍	1급		瀾	1급		簾	1급		聊	1급	
瀆	1급		鸞	1급		囹	1급		寥	1급	
禿	1급		剌	1급		逞	1급		壘	1급	
沌	1급		辣	1급		鈴	1급		陋	1급	

8급~1급 총 3,500字 급수별 훈·음 쓰기 노트 [34]

아래 쓰기 란에 각 급수에 해당하는 漢字의 훈·음을 바르게 써 보세요.

한자	급수	훈·음 쓰기	한자	급수	훈·음 쓰기	한자	급수	훈·음 쓰기	한자	급수	훈·음 쓰기
溜	1급		鰲	1급		芒	1급		牡	1급	
琉	1급		吝	1급		惘	1급		耗	1급	
瘤	1급		燐	1급		寐	1급		糢	1급	
戮	1급		躪	1급		昧	1급		歿	1급	
淪	1급		鱗	1급		煤	1급		描	1급	
綸	1급		淋	1급		罵	1급		杳	1급	
慄	1급		笠	1급		邁	1급		渺	1급	
勒	1급		粒	1급		呆	1급		猫	1급	
肋	1급		寞	1급		萌	1급		巫	1급	
凜	1급		卍	1급		棉	1급		憮	1급	
凌	1급		彎	1급		眄	1급		拇	1급	
稜	1급		挽	1급		緬	1급		撫	1급	
綾	1급		瞞	1급		麪	1급		毋	1급	
菱	1급		蔓	1급		瞑	1급		畝	1급	
俚	1급		鞍	1급		溟	1급		蕪	1급	
悧	1급		饅	1급		皿	1급		誣	1급	
痢	1급		鰻	1급		螟	1급		蚊	1급	
籬	1급		抹	1급		酩	1급		媚	1급	
罹	1급		沫	1급		袂	1급		薇	1급	
裡	1급		襪	1급		摸	1급		靡	1급	

8급~1급 총 3,500字 급수별 훈·음 쓰기 노트[35]

아래 쓰기 란에 각 급수에 해당하는 漢字의 훈·음을 바르게 써 보세요.

한자	급수	훈·음 쓰기	한자	급수	훈·음 쓰기	한자	급수	훈·음 쓰기	한자	급수	훈·음 쓰기
悶	1급		頒	1급		陪	1급		菩	1급	
謐	1급		勃	1급		帛	1급		僕	1급	
剝	1급		撥	1급		魄	1급		匐	1급	
搏	1급		潑	1급		蕃	1급		輻	1급	
撲	1급		跋	1급		藩	1급		鰒	1급	
樸	1급		醱	1급		帆	1급		捧	1급	
珀	1급		魃	1급		梵	1급		棒	1급	
箔	1급		坊	1급		氾	1급		烽	1급	
粕	1급		尨	1급		泛	1급		鋒	1급	
縛	1급		幇	1급		劈	1급		俯	1급	
膊	1급		彷	1급		擘	1급		剖	1급	
駁	1급		昉	1급		璧	1급		咐	1급	
拌	1급		枋	1급		癖	1급		埠	1급	
攀	1급		榜	1급		闢	1급		孵	1급	
斑	1급		肪	1급		瞥	1급		斧	1급	
槃	1급		膀	1급		鼈	1급		腑	1급	
畔	1급		謗	1급		瓶	1급		芙	1급	
礬	1급		徘	1급		餠	1급		訃	1급	
絆	1급		湃	1급		堡	1급		賻	1급	
蟠	1급		胚	1급		洑	1급		駙	1급	

8급~1급 총 3,500字 급수별 훈·음 쓰기 노트 [36]

아래 쓰기 란에 각 급수에 해당하는 漢字의 훈·음을 바르게 써 보세요.

한자	급수	훈·음 쓰기	한자	급수	훈·음 쓰기	한자	급수	훈·음 쓰기	한자	급수	훈·음 쓰기
吩	1급		秕	1급		娑	1급		璽	1급	
噴	1급		緋	1급		徙	1급		齒	1급	
忿	1급		翡	1급		瀉	1급		牲	1급	
扮	1급		脾	1급		獅	1급		甥	1급	
焚	1급		臂	1급		祠	1급		壻	1급	
盆	1급		蚌	1급		紗	1급		嶼	1급	
糞	1급		裨	1급		蓑	1급		抒	1급	
雰	1급		誹	1급		麝	1급		曙	1급	
彿	1급		譬	1급		刪	1급		棲	1급	
棚	1급		鄙	1급		珊	1급		犀	1급	
硼	1급		妣	1급		疝	1급		胥	1급	
繃	1급		嚬	1급		撒	1급		薯	1급	
匕	1급		嬪	1급		煞	1급		黍	1급	
庇	1급		殯	1급		薩	1급		鼠	1급	
憊	1급		濱	1급		滲	1급		瀉	1급	
扉	1급		瀕	1급		澁	1급		扇	1급	
沸	1급		憑	1급		孀	1급		煽	1급	
琵	1급		些	1급		爽	1급		羨	1급	
痺	1급		嗣	1급		翔	1급		腺	1급	
砒	1급		奢	1급		觴	1급		膳	1급	

8급~1급 총 3,500字 급수별 훈·음 쓰기 노트[37]

아래 쓰기 란에 각 급수에 해당하는 漢字의 훈·음을 바르게 써 보세요.

한자	급수	훈·음 쓰기	한자	급수	훈·음 쓰기	한자	급수	훈·음 쓰기	한자	급수	훈·음 쓰기
銑	1급		遜	1급		蒐	1급		薪	1급	
屑	1급		悚	1급		筍	1급		蜃	1급	
泄	1급		灑	1급		醇	1급		訊	1급	
洩	1급		碎	1급		馴	1급		迅	1급	
渫	1급		嫂	1급		膝	1급		悉	1급	
殲	1급		戍	1급		丞	1급		什	1급	
閃	1급		狩	1급		匙	1급		俄	1급	
醒	1급		瘦	1급		媤	1급		啞	1급	
塑	1급		穗	1급		弑	1급		衙	1급	
宵	1급		竪	1급		猜	1급		訝	1급	
搔	1급		粹	1급		諡	1급		堊	1급	
梳	1급		繡	1급		豺	1급		愕	1급	
甦	1급		羞	1급		柿	1급		顎	1급	
疎	1급		蒐	1급		拭	1급		按	1급	
瘙	1급		袖	1급		熄	1급		晏	1급	
簫	1급		酬	1급		蝕	1급		鞍	1급	
蕭	1급		髓	1급		呻	1급		斡	1급	
逍	1급		雛	1급		娠	1급		軋	1급	
遡	1급		塾	1급		宸	1급		庵	1급	
贖	1급		夙	1급		燼	1급		闇	1급	

8급~1급 총 3,500字 급수별 훈·음 쓰기 노트 [38]

아래 쓰기 란에 각 급수에 해당하는 漢字의 훈·음을 바르게 써 보세요.

한자	급수	훈·음 쓰기	한자	급수	훈·음 쓰기	한자	급수	훈·음 쓰기	한자	급수	훈·음 쓰기
怏	1급		釀	1급		穢	1급		巍	1급	
秧	1급		癢	1급		裔	1급		猥	1급	
鴦	1급		圄	1급		詣	1급		僥	1급	
昂	1급		瘀	1급		伍	1급		凹	1급	
崖	1급		禦	1급		奧	1급		夭	1급	
曖	1급		臆	1급		寤	1급		拗	1급	
隘	1급		堰	1급		懊	1급		擾	1급	
靄	1급		諺	1급		蘊	1급		窈	1급	
扼	1급		儼	1급		甕	1급		窯	1급	
縊	1급		奄	1급		渦	1급		邀	1급	
腋	1급		掩	1급		蝸	1급		饒	1급	
櫻	1급		繹	1급		訛	1급		涌	1급	
鶯	1급		掾	1급		婉	1급		聳	1급	
冶	1급		椽	1급		宛	1급		茸	1급	
揶	1급		筵	1급		玩	1급		蓉	1급	
爺	1급		鳶	1급		腕	1급		踊	1급	
葯	1급		焰	1급		阮	1급		寓	1급	
恙	1급		艷	1급		頑	1급		虞	1급	
攘	1급		嬰	1급		枉	1급		迂	1급	
瘍	1급		曳	1급		矮	1급		隅	1급	

1급 3,500字 훈·음 쓰기 ● 135

8급~1급 총 3,500字 급수별 훈·음 쓰기 노트[39]

아래 쓰기 란에 각 급수에 해당하는 漢字의 훈·음을 바르게 써 보세요.

한자	급수	훈·음 쓰기	한자	급수	훈·음 쓰기	한자	급수	훈·음 쓰기	한자	급수	훈·음 쓰기
嵎	1급		絨	1급		剩	1급		簪	1급	
殞	1급		蔭	1급		孕	1급		仗	1급	
耘	1급		揖	1급		仔	1급		匠	1급	
隕	1급		膺	1급		炙	1급		杖	1급	
猿	1급		擬	1급		煮	1급		檣	1급	
鴛	1급		椅	1급		瓷	1급		漿	1급	
冤	1급		毅	1급		疵	1급		薔	1급	
萎	1급		誼	1급		蔗	1급		醬	1급	
喩	1급		姨	1급		藉	1급		滓	1급	
宥	1급		弛	1급		勺	1급		齋	1급	
愉	1급		爾	1급		嚼	1급		錚	1급	
揄	1급		痍	1급		灼	1급		咀	1급	
柚	1급		餌	1급		炸	1급		狙	1급	
游	1급		翌	1급		綽	1급		箸	1급	
癒	1급		咽	1급		芍	1급		詛	1급	
諛	1급		湮	1급		雀	1급		躇	1급	
諭	1급		蚓	1급		鵲	1급		邸	1급	
蹂	1급		靭	1급		棧	1급		觝	1급	
鍮	1급		佚	1급		盞	1급		豬	1급	
戎	1급		溢	1급		箋	1급		嫡	1급	

8급~1급 총 3,500字 급수별 훈·음 쓰기 노트 [40]

아래 쓰기 란에 각 급수에 해당하는 漢字의 훈·음을 바르게 써 보세요.

한자	급수	훈·음 쓰기	한자	급수	훈·음 쓰기	한자	급수	훈·음 쓰기	한자	급수	훈·음 쓰기
狄	1급		顫	1급		嘲	1급		腫	1급	
謫	1급		餞	1급		曹	1급		踪	1급	
迹	1급		截	1급		棗	1급		踵	1급	
剪	1급		粘	1급		槽	1급		挫	1급	
塡	1급		霑	1급		漕	1급		做	1급	
奠	1급		幀	1급		爪	1급		胄	1급	
廛	1급		挺	1급		眺	1급		呪	1급	
悛	1급		町	1급		稠	1급		嗾	1급	
栓	1급		睛	1급		粗	1급		廚	1급	
氈	1급		碇	1급		糟	1급		紂	1급	
澱	1급		穽	1급		繰	1급		紬	1급	
煎	1급		酊	1급		肇	1급		註	1급	
癲	1급		釘	1급		藻	1급		誅	1급	
箋	1급		錠	1급		詔	1급		躊	1급	
箭	1급		靖	1급		躁	1급		輳	1급	
篆	1급		啼	1급		遭	1급		樽	1급	
纏	1급		悌	1급		阻	1급		竣	1급	
輾	1급		梯	1급		簇	1급		蠢	1급	
銓	1급		蹄	1급		猝	1급		櫛	1급	
顚	1급		凋	1급		慫	1급		汁	1급	

8급~1급 총 3,500字 급수별 훈·음 쓰기 노트[41]

아래 쓰기 란에 각 급수에 해당하는 漢字의 훈·음을 바르게 써 보세요.

한자	급수	훈·음 쓰기	한자	급수	훈·음 쓰기	한자	급수	훈·음 쓰기	한자	급수	훈·음 쓰기
葺	1급		蹉	1급		漲	1급		僉	1급	
尻	1급		搾	1급		猖	1급		籤	1급	
摯	1급		窄	1급		瘡	1급		諂	1급	
枳	1급		鑿	1급		脹	1급		帖	1급	
祉	1급		撰	1급		艙	1급		捷	1급	
肢	1급		纂	1급		菖	1급		牒	1급	
嗔	1급		饌	1급		寨	1급		疊	1급	
疹	1급		篡	1급		柵	1급		貼	1급	
叱	1급		擦	1급		凄	1급		涕	1급	
嫉	1급		僭	1급		擲	1급		諦	1급	
帙	1급		塹	1급		滌	1급		憔	1급	
桎	1급		懺	1급		瘠	1급		梢	1급	
膣	1급		站	1급		脊	1급		樵	1급	
跌	1급		讒	1급		喘	1급		炒	1급	
迭	1급		讖	1급		擅	1급		硝	1급	
斟	1급		倡	1급		穿	1급		礁	1급	
朕	1급		娼	1급		闡	1급		稍	1급	
澄	1급		廠	1급		凸	1급		蕉	1급	
叉	1급		愴	1급		綴	1급		貂	1급	
嗟	1급		槍	1급		轍	1급		醋	1급	

8급~1급 총 3,500字 급수별 훈·음 쓰기 노트 [42]

아래 쓰기 란에 각 급수에 해당하는 漢字의 훈·음을 바르게 써 보세요.

한자	급수	훈·음 쓰기	한자	급수	훈·음 쓰기	한자	급수	훈·음 쓰기	한자	급수	훈·음 쓰기
囑	1급		贅	1급		椿	1급		慟	1급	
忖	1급		娶	1급		舵	1급		桶	1급	
叢	1급		翠	1급		陀	1급		筒	1급	
塚	1급		脆	1급		駝	1급		堆	1급	
寵	1급		惻	1급		擢	1급		腿	1급	
撮	1급		侈	1급		鐸	1급		褪	1급	
墜	1급		嗤	1급		呑	1급		頹	1급	
椎	1급		幟	1급		坦	1급		套	1급	
樞	1급		熾	1급		憚	1급		妬	1급	
芻	1급		痔	1급		綻	1급		慝	1급	
酋	1급		癡	1급		眈	1급		婆	1급	
錐	1급		緻	1급		搭	1급		巴	1급	
錘	1급		馳	1급		宕	1급		爬	1급	
鎚	1급		勅	1급		蕩	1급		琶	1급	
鰍	1급		砧	1급		汰	1급		芭	1급	
槌	1급		鍼	1급		笞	1급		跛	1급	
黜	1급		蟄	1급		苔	1급		瓣	1급	
悴	1급		秤	1급		跆	1급		佩	1급	
膵	1급		唾	1급		撑	1급		唄	1급	
萃	1급		惰	1급		攄	1급		悖	1급	

8급~1급 총 3,500字 급수별 훈·음 쓰기 노트 [43]

아래 쓰기 란에 각 급수에 해당하는 漢字의 훈·음을 바르게 써 보세요.

한자	급수	훈·음 쓰기	한자	급수	훈·음 쓰기	한자	급수	훈·음 쓰기	한자	급수	훈·음 쓰기
沛	1급		袍	1급		壑	1급		懈	1급	
牌	1급		褒	1급		謔	1급		楷	1급	
稗	1급		逋	1급		瘧	1급		諧	1급	
澎	1급		庖	1급		悍	1급		邂	1급	
膨	1급		曝	1급		澣	1급		駭	1급	
愎	1급		瀑	1급		罕	1급		骸	1급	
鞭	1급		剽	1급		轄	1급		劾	1급	
騙	1급		慓	1급		函	1급		嚮	1급	
貶	1급		豹	1급		喊	1급		饗	1급	
萍	1급		飄	1급		檻	1급		噓	1급	
斃	1급		稟	1급		涵	1급		墟	1급	
陛	1급		諷	1급		緘	1급		歇	1급	
匍	1급		披	1급		銜	1급		眩	1급	
咆	1급		疋	1급		鹹	1급		絢	1급	
哺	1급		乏	1급		盒	1급		衒	1급	
圃	1급		逼	1급		蛤	1급		俠	1급	
泡	1급		瑕	1급		缸	1급		挾	1급	
疱	1급		蝦	1급		肛	1급		狹	1급	
脯	1급		遐	1급		偕	1급		頰	1급	
蒲	1급		霞	1급		咳	1급		荊	1급	

8급~1급 총 3,500자 급수별 훈·음 쓰기 노트[44]

아래 쓰기 란에 각 급수에 해당하는 漢字의 훈·음을 바르게 써 보세요.

한자	급수	훈·음 쓰기	한자	급수	훈·음 쓰기	한자	급수	훈·음 쓰기
彗	1급		徨	1급		朽	1급	
醯	1급		恍	1급		逅	1급	
弧	1급		惶	1급		暈	1급	
狐	1급		慌	1급		喧	1급	
琥	1급		煌	1급		卉	1급	
瑚	1급		遑	1급		喙	1급	
糊	1급		徊	1급		彙	1급	
渾	1급		恢	1급		諱	1급	
惚	1급		晦	1급		麾	1급	
笏	1급		繪	1급		恤	1급	
哄	1급		膾	1급		兇	1급	
虹	1급		蛔	1급		洶	1급	
訌	1급		誨	1급		欣	1급	
喚	1급		賄	1급		痕	1급	
宦	1급		哮	1급		欠	1급	
驩	1급		嚆	1급		歆	1급	
鰥	1급		爻	1급		恰	1급	
猾	1급		酵	1급		洽	1급	
闊	1급		吼	1급		犧	1급	
凰	1급		嗅	1급		詰	1급	

부록

❖ 모양이 비슷하여 혼동하기 쉬운 漢字

❖ 一字 多音語(다음어),
　한 글자가 둘 이상의 音을 가진 한자
❖ 漢字의 뜻이 비슷한 유의자(類義字)
❖ 반대의 뜻을 가진 相對字(상대자)

❖ 한자능력검정시험 대비
　漢字成語(한자성어) 및 故事成語(고사성어)

모양이 비슷하여 혼동하기 쉬운 漢字 [1]

漢字가 모양이 비슷하여 혼동하기 쉬우므로 글자안의 모습과 부수자를 잘 기억하세요.

한자	훈·음	낱말	한자	훈·음	낱말	한자	훈·음	낱말
嫁	시집갈 가	出嫁(출가)	彊	굳셀 강	自彊(자강)	呱	울 고	呱呱(고고)
稼	심을 가	稼事(가사)	疆	지경 강	萬壽無疆(만수무강)	孤	외로울 고	孤獨(고독)
可	옳을 가	可否(가부)	綱	벼리 강	綱領(강령)	穀	곡식 곡	穀食(곡식)
司	맡을 사	司會(사회)	網	그물 망	漁網(어망)	殼	껍질 각	地殼(지각)
祠	사당 사	祠堂(사당)	健	굳셀 건	健康(건강)	拱	팔짱낄 공	拱手(공수)
詞	말/글 사	名詞(명사)	建	세울 건	建設(건설)	供	이바지할 공	供給(공급)
暇	틈 가	休暇(휴가)	儉	검소할 검	儉素(검소)	管	대롱/주관할 관	主管(주관)
假	거짓 가	假面(가면)	檢	검사할 검	檢察(검찰)	官	벼슬 관	官許(관허)
却	물리칠 각	却下(각하)	偈	불시 게	偈頌(게송)	刮	긁을 괄	刮目(괄목)
脚	다리 각	脚光(각광)	揭	걸 게	揭揚(게양)	括	묶을 괄	總括(총괄)
澗	산골물 간	淸澗(청간)	訣	이별할 결	訣別(결별)	壙	뫼 구덩이 광	壙中(광중)
癎	간질 간	癎疾(간질)	決	결단할 결	決斷(결단)	曠	빌 광	曠野(광야)
干	방패 간	干戈(간과)	痙	경련 경	痙攣(경련)	嬌	아리따울 교	愛嬌(애교)
于	어조사 우	于今(우금)	脛	정강이 경	脛骨(경골)	驕	교만할 교	驕慢(교만)
喝	꾸짖을 갈	喝采(갈채)	頃	이랑 경	頃刻(경각)	郊	들 교	郊外(교외)
渴	다할 갈	渴力(갈력)	傾	기울 경	傾聽(경청)	效	본받을 효	效能(효능)
勘	살필 감	勘案(감안)	季	계절 계	季刊(계간)	嘔	게울 구	嘔吐(구토)
堪	견딜 감	堪耐(감내)	李	오얏 리	李下不整冠(이하부정관)	嶇	험할 구	崎嶇(기구)
慷	슬플 강	慷慨(강개)	階	섬돌 계	階層(계층)	鉤	갈고리 구	鉤狀(구상)
糠	겨 강	糟糠(조강)	偕	함께 해	偕老(해로)	駒	망아지 구	白駒(백구)

모양이 비슷하여 혼동하기 쉬운 漢字 [2]

❖ 漢字가 모양이 비슷하여 혼동하기 쉬우므로 글자안의 모습과 부수자를 잘 기억하세요.

한자	훈·음	낱 말	한자	훈·음	낱 말	한자	훈·음	낱 말
窟	굴 굴	洞窟(동굴)	己	몸 기	克己(극기)	能	능할 능	能力(능력)
屈	굽힐 굴	屈伏(굴복)	已	이미 이	已往(이왕)	態	모양 태	態度(태도)
拙	졸할 졸	拙劣(졸렬)	巳	뱀 사	巳時(사시)	熊	곰 웅	熊膽(웅담)
出	날 출	出發(출발)	兢	떨릴 긍	兢兢(긍긍)	惱	번뇌할 뇌	煩惱(번뇌)
倦	게으를 권	倦怠(권태)	競	다툴 경	競爭(경쟁)	腦	골 뇌	頭腦(두뇌)
捲	말 권	捲勇(권용)	冀	바랄 기	冀圖(기도)	尼	여승 니	仲尼(중니)
拳	주먹 권	拳鬪(권투)	箕	키 기	箕星(기성)	泥	진흙 니	泥土(이토)
券	문서 권	債券(채권)	奇	기특할 기	新奇(신기)	但	다만 단	但只(단지)
几	안석 궤	几席(궤석)	寄	부칠 기	寄宿(기숙)	旦	아침 단	元旦(원단)
凡	무릇 범	凡例(범례)	拮	일할 길	拮抗(길항)	端	끝 단	端午(단오)
汎	넓을 범	大汎(대범)	吉	길할 길	吉日(길일)	瑞	상서 서	祥瑞(상서)
圭	서옥 규	圭角(규각)	衲	기울 납	衲衣(납의)	膽	쓸개 담	肝膽(간담)
奎	별 규	奎章(규장)	納	들일 납	納稅(납세)	擔	멜 담	擔任(담임)
叫	부르짖을 규	絶叫(절규)	捺	누를 날	捺印(날인)	大	큰 대	大韓(대한)
糾	얽힐 규	糾彈(규탄)	奈	어찌 내/나	奈何(내하)	太	클 태	太陽(태양)
斤	근 근	斤量(근량)	怒	성낼 노	憤怒(분노)	島	섬 도	島嶼(도서)
斧	도끼 부	拒斧(거부)	恕	용서할 서	容恕(용서)	鳥	새 조	鳥類(조류)
斥	물리칠 척	排斥(배척)	如	같을 여	缺如(결여)	徒	무리 도	信徒(신도)
槿	무궁화 근	朝槿(조근)	奴	종 노	奴婢(노비)	徙	옮길 사	移徙(이사)
僅	겨우 근	僅少(근소)	努	힘쓸 노	努力(노력)	從	좇을 종	從事(종사)

모양이 비슷하여 혼동하기 쉬운 漢字 [3]

漢字가 모양이 비슷하여 혼동하기 쉬우므로 글자안의 모습과 부수字를 잘 기억하세요.

한자	훈·음	낱 말	한자	훈·음	낱 말	한자	훈·음	낱 말
絡	이을 락	經絡(경락)	勉	힘쓸 면	勸勉(권면)	聞	들을 문	新聞(신문)
給	줄 급	給料(급료)	冕	면류관 면	冕旒冠(면류관)	間	사이 간	夜間(야간)
綠	푸를 록	綠陰(녹음)	兎	토끼 토	兎脣(토순)	密	빽빽할 밀	密林(밀림)
祿	녹 록	祿俸(녹봉)	眠	잘 면	睡眠(수면)	蜜	꿀 밀	蜜蜂(밀봉)
錄	기록할 록	記錄(기록)	眼	눈 안	眼球(안구)	薄	얇을 박	淺薄(천박)
緣	인연 연	因緣(인연)	皿	그릇 명	器皿(기명)	簿	문서 부	帳簿(장부)
壘	보루 루	壘審(누심)	血	피 혈	血壓(혈압)	博	넓을 박	該博(해박)
疊	거듭 첩	重疊(중첩)	母	어미 모	母子(모자)	補	기울 보	轉補(전보)
栗	밤 률	生栗(생률)	毋	말 무	毋論(무론)	浦	개 포	浦口(포구)
粟	조 속	粟麥(속맥)	睦	화목할 목	和睦(화목)	捕	잡을 포	逮捕(체포)
慢	거만할 만	倨慢(거만)	陸	뭍 륙	大陸(대륙)	斑	아롱질 반	斑點(반점)
漫	흩어질 만	漫然(만연)	夢	꿈 몽	惡夢(악몽)	班	나눌 반	班長(반장)
末	끝 말	週末(주말)	蒙	어두울 몽	啓蒙(계몽)	頒	나눌 반	頒布(반포)
迷	미혹할 미	昏迷(혼미)	苗	모 묘	苗木(묘목)	頌	기릴 송	稱頌(칭송)
米	쌀 미	米穀(미곡)	笛	피리 적	汽笛(기적)	彷	헤맬 방	彷徨(방황)
味	맛 미	味覺(미각)	戊	천간 무	戊戌(무술)	防	막을 방	國防(국방)
妹	누이 매	姉妹(자매)	戍	수자리 수	戍卒(수졸)	訪	찾을 방	訪問(방문)
昧	어두울 매	昏昧(혼매)	戌	개 술	甲戌(갑술)	芳	꽃다울 방	秋芳(추방)
免	면할 면	減免(감면)	門	문 문	大門(대문)	傍	곁 방	近傍(근방)
晩	늦을 만	早晩間(조만간)	問	물을 문	問答(문답)	倣	본뜰 방	模倣(모방)

모양이 비슷하여 혼동하기 쉬운 漢字 [4]

❖ 漢字가 모양이 비슷하여 혼동하기 쉬우므로 글자안의 모습과 부수자를 잘 기억하세요.

한자	훈·음	낱말	한자	훈·음	낱말	한자	훈·음	낱말
放	놓을 방	放學(방학)	唆	부추길 사	敎唆(교사)	揚	날릴 양	讚揚(찬양)
方	모 방	方向(방향)	俊	준걸 준	俊傑(준걸)	楊	버들 양	積楊(적양)
妨	방해할 방	妨害(방해)	士	선비 사	博士(박사)	壤	흙덩이 양	土壤(토양)
房	방 방	貰房(셋방)	土	흙 토	土地(토지)	壞	무너질 괴	破壞(파괴)
俳	배우 배	俳優(배우)	史	사기 사	歷史(역사)	與	더불 여	與黨(여당)
徘	어정거릴 배	徘徊(배회)	吏	관리 리	官吏(관리)	輿	수레 여	堪輿(감여)
柏	측백 백	側柏(측백)	塞	변방 새	要塞(요새)	延	늘릴 연	遲延(지연)
拍	손뼉칠 박	拍子(박자)	寒	찰 한	大寒(대한)	廷	조정 정	朝廷(조정)
百	일백 백	百萬(백만)	暑	더울 서	避暑(피서)	宜	마땅 의	便宜(편의)
白	흰 백	白衣(백의)	著	나타날 저	著書(저서)	宣	베풀 선	宣傳(선전)
伯	맏 백	伯父(백부)	帥	장수 수	總帥(총수)	賤	천할 천	至賤(지천)
迫	핍박할 박	切迫(절박)	師	스승 사	講師(강사)	淺	얕을 천	淺薄(천박)
柏	측백 백	冬柏(동백)	侍	모실 시	侍下(시하)	波	물결 파	波濤(파도)
辨	분변할 변	辨理(변리)	待	기다릴 대	待接(대접)	破	깨뜨릴 파	破壞(파괴)
辯	말씀 변	達辯(달변)	失	잃을 실	得失(득실)	亨	형통할 형	亨通(형통)
憤	분할 분	激憤(격분)	矢	화살 시	錐矢(추시)	享	누릴 향	祭享(제향)
噴	뿜을 분	噴火(분화)	億	억 억	兆億(조억)	候	기후 후	氣候(기후)
墳	무덤 분	古墳(고분)	憶	생각할 억	記憶(기억)	侯	제후 후	諸侯(제후)
粉	가루 분	製粉(제분)	冶	풀무 야	陶冶(도야)	徽	아름다울 휘	徽號(휘호)
紛	어지러울 분	解紛(해분)	治	다스릴 치	政治(정치)	徵	부를 징	徵發(징발)

[一字 多音語 1] 한 글자가 둘 이상의 음을 가진 漢字

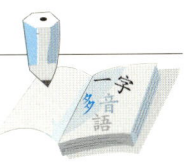

❖ 두 가지 이상 음을 가진 漢字의 낱말을 잘 기억하세요.

한자	훈·음	한자어	한자	훈·음	한자어
降	내릴 강	降水(강수)	率	비율 률	能率(능률)
	항복할 항	降伏(항복)		거느릴 솔	親率(친솔)
更	다시 갱	更生(갱생)		우두머리 수	左衛率(좌위수)
	고칠 경	變更(변경)	反	돌이킬 반	反復(반복)
車	수레 거	自轉車(자전거)		뒤집을 번	反畓(번답)
	수레 차	汽車(기차)	復	다시 부	復活(부활)
見	볼 견	接見(접견)		회복할 복	回復(회복)
	뵐 현	謁見(알현)	否	아닐 부	否認(부인)
契	맺을 계	契約(계약)		막힐 비	否塞(비색)
	부족이름 글	契丹(글안)	北	북녘 북	北韓(북한)
	사람이름 설	殷나라 왕조의 시조		패할 패	敗北(패배)
金	쇠 금	金銀(금은)	分	나눌 분	分離(분리)
	성 김	金庾信(김유신)		푼 푼	五分(오푼)
龜	거북 구	鶴龜(학구)	不	아닐 불	不可(불가)
	거북 귀	龜玉(귀옥)		아닐 부	不定(부정)
	터질 균	龜裂(균열)	寺	절 사	寺刹(사찰)
奈	어찌 나	奈落(나락)		관청 시	典客寺(전객시)
	어찌 내	奈何(내하)	殺	죽일 살	殺傷(살상)
內	안 내	內閣(내각)		감할 쇄	相殺(상쇄)
	궁녀 나	內人(나인)		빠를 쇄	減殺(감쇄)
茶	차 다	茶禮(다례)	狀	형상 상	形狀(형상)
	차 차	茶禮(차례)		문서 장	訴狀(소장)
丹	붉을 단	丹靑(단청)	塞	변방 새	要塞(요새)
	꽃이름 란	牧丹(모란)		막힐 색	窒塞(질색)
度	법도 도	溫度(온도)	索	찾을 색	探索(탐색)
	헤아릴 탁	度支部(탁지부)		새끼줄 삭	鐵索(철삭)
讀	읽을 독	速讀(속독)	說	말씀 설	說明(설명)
	구절 두	句讀(구두)		달랠 세	誘說(유세)
洞	골 동	洞里(동리)		기쁠 열	說樂(열락)
	밝을 통	洞察(통찰)	省	살필 성	反省(반성)
樂	즐길 락	娛樂(오락)		덜 생	省略(생략)
	노래 악	音樂(음악)	數	셈 수	數學(수학)
	좋아할 요	樂山樂水(요산요수)		자주 삭	頻數(빈삭)

[一字 多音語 2] 한 글자가 둘 이상의 音을 가진 漢字

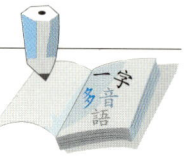

❖ 두 가지 이상 음을 가진 漢字의 낱말을 잘 기억하세요.

한자	훈·음	한자어	한자	훈·음	한자어
宿	잘 숙	宿所(숙소)	切	끊을 절	切除(절제)
	별자리 수	房宿(방수)		온통 체	一切(일체)
拾	주울 습	拾得(습득)	辰	별 진	辰時(진시)
	열 십	拾萬(십만)		때 신	生辰(생신)
食	밥 식	食事(식사)	差	다를 차	誤差(오차)
	먹이 사	簞食(단사)		어긋날 치	參差(삼치)
識	알 식	智識(지식)	參	참여할 참	參與(참여)
	기록할 지	標識(표지)		석 삼	參拾(삼십)
什	열사람 십	什長(십장)	則	법칙 칙	法則(법칙)
	세간 집	什器(집기)		곧 즉	然則(연즉)
惡	악할 악	惡德(악덕)	沈	잠길 침	沈水(침수)
	미워할 오	憎惡(증오)		성 심	沈氏(심씨)
若	같을 약	假若(가약)	拓	물리칠 탁	拓本(탁본)
	반야 야	般若(반야)		열 척	開拓(개척)
於	어조사 어	靑出於藍(청출어람)	糖	사탕 탕	砂糖(사탕)
	탄식할 오	於乎(오호)		사탕 당	糖尿(당뇨)
易	바꿀 역	貿易(무역)	宅	집 택	住宅(주택)
	쉬울 이	容易(용이)		집 댁	宅內(댁내)
葉	잎 엽	葉書(엽서)	便	편할 편	郵便(우편)
	성씨 섭	葉氏(섭씨)		똥오줌 변	便器(변기)
咽	목구멍 인	咽頭(인두)	布	베 포	布木(포목)
	목멜 열	嗚咽(오열)		펼 포	公布(공포)
炙	구울 자	親炙(친자)		보시 보	布施(보시)
	구울 적	散炙(산적)	暴	사나울 폭	暴君(폭군)
刺	찌를 자	諷刺(풍자)		모질 포	暴棄(포기)
	찌를 척	刺殺(척살)	行	다닐 행	旅行(여행)
	수라 라	水刺(수라)		항렬 항	行列(항렬)
著	나타날 저	編著(편저)	畫	그림 화	畫廊(화랑)
	붙을 착	到著(도착)		그을 획	點畫(점획)

漢字의 뜻이 비슷한 類義字와 반대의 뜻을 가진 相對字[1]

❖ 좌측에 있는 漢字와 우측의 漢字가 반대되는 字이고 가운데가 유의자입니다.

右측의 漢字(한자)와	類義字(유의자)	左측 漢字(한자)의 相對字(상대자)
強 (굳셀 강)	健(굳셀 건) 勁(굳셀 경)	弱 (약할 약)
開 (열 개)	啓(열 계)	闢 (열 벽) 閉(닫을 폐)
去 (갈 거)	往(갈 왕) 逝(갈 서)	來 (올 래)
建 (세울 건)	立(설 립)	壞 (무너질 괴)
傑 (뛰어날 걸)	杰(뛰어날 걸)	拙 (졸할 졸)
儉 (검소할 검)	廉(청렴할 렴)	奢 (사치할 사) 侈(사치할 치)
結 (맺을 결)	紐(맺을 뉴) 約(맺을 약) 締(맺을 체)	離 (떠날 리)
謙 (겸손할 겸)	遜(겸손할 손)	慢 (거만할 만)
京 (서울 경)	都(도읍 도)	鄕 (시골 향)
慶 (경사 경)	賀(하례 하)	弔 (조상할 조)
曲 (굽을 곡)	彎(굽을 만) 枉(굽을 왕)	直 (곧을 직)
貴 (귀할 귀)	尊(높을 존)	賤 (천할 천)
勤 (부지런할 근)	勞(일할 로)	怠 (게으를 태) 倦(게으를 권) 惰(게으를 타)
禽 (새 금)	鳥(새 조)	獸 (짐승 수)
起 (일어날 기)	立(설 립) 發(필 발) 興(일 흥)	伏 (엎드릴 복) 寢(잘 침)
緊 (긴할 긴)	要(요긴할 요)	疎 (성길 소)
諾 (허락할 낙)	許(허락할 허)	否 (아닐 부) 拒(막을 거)
難 (어려울 난)	艱(어려울 간)	易 (쉬울 이)
濃 (짙을 농)	厚(두터울 후)	淡 (맑을 담)
斷 (끊을 단)	切(끊을 절) 絶(끊을 절) 截(끊을 절)	繼 (이을 계) 續(이을 속)
貸 (빌릴 대)	借(빌릴 차)	取 (가질 취)
同 (한가지 동)	共(한가지 공)	異 (다를 이)
鈍 (둔할 둔)	駑(둔할말 노)	敏 (민첩할 민) 銳(날카로울 예)
得 (얻을 득)	獲(얻을 획)	失 (잃을 실)
冷 (찰 랭)	寒(찰 한)	暖 (따뜻할 난) 煖(더울 난)
瞭 (밝을 료)	明(밝을 명)	昧 (어두울 매)
利 (이할 리)	益(더할 익)	害 (해할 해)
漠 (넓을 막)	廣(넓을 광)	狹 (좁을 협)
晚 (늦을 만)	遲(늦을 지)	早 (이를 조) 速(빠를 속)
忙 (바쁠 망)	悤(바쁠 총)	閑 (한가할 한) 暇(틈 가)

漢字의 뜻이 비슷한 類義字와 반대의 뜻을 가진 相對字[2]

✤ 좌측에 있는 漢字와 우측의 漢字가 반대되는 字이고 가운데가 유의자입니다.

右측의 漢字(한자)와		類義字(유의자)	左측 漢字(한자)의 相對字(상대자)	
賣	(팔 매)	販(팔 판)	買	(살 매)
文	(글월 문)	章(글 장) 書(글 서)	武	(호반 무) 言(말씀 언)
問	(물을 문)	訊(물을 신) 咨(물을 자)	答	(대답 답)
物	(물건 물)	品(물건 품) 件(물건 건)	心	(마음 심)
美	(아름다울 미)	佳(아름다울 가) 嘉(아름다울 가)	醜	(추할 추)
微	(작을 미)	細(가늘 세) 小(작을 소)	顯	(나타날 현)
潑	(물뿌릴 발)	活(살 활)	萎	(시들 위) 凋(시들 조)
放	(놓을 방)	釋(풀 석) 解(풀 해)	防	(막을 방)
逢	(만날 봉)	遇(만날 우) 遭(만날 조)	別	(다를 별) 訣(이별할 결)
否	(아닐 부)	不(아닐 불) 弗(아닐 불)	可	(옳을 가) 肯(즐길 긍)
悲	(슬플 비)	哀(슬플 애) 悼(슬퍼할 도)	喜	(기쁠 희) 歡(기쁠 환)
貧	(가난할 빈)	窮(다할 궁) 困(곤할 곤)	富	(부자 부)
常	(떳떳할 상)	恒(항상 항) 每(매양 매) 庸(떳떳할 용)	特	(특별할 특)
生	(날 생)	産(낳을 산) 出(날 출)	滅	(멸할 멸)
盛	(성할 성)	茂(무성할 무) 旺(왕성할 왕)	衰	(쇠할 쇠)
消	(사라질 소)	滅(꺼질 멸) 耗(소모할 모)	積	(쌓을 적) 堆(쌓을 퇴)
損	(덜 손)	減(덜 감)	益	(더할 익)
送	(보낼 송)	輸(보낼 수) 餞(보낼 전)	迎	(맞을 영) 受(받을 수)
首	(머리 수)	頭(머리 두) 魁(괴수 괴)	尾	(꼬리 미)
授	(줄 수)	與(줄 여)	受	(받을 수)
瞬	(눈깜짝일 순)	刹那(찰나)	永	(길 영)
崇	(높을 숭)	高(높을 고) 尊(높을 존)	凌	(업신여길 릉) 蔑(업신여길 멸) 侮(업신여길 모)
昇	(오를 승)	登(오를 등) 陟(오를 척)	降	(내릴 강)
乘	(탈 승)	搭(탈 탑)	降	(내릴 강) 除(덜 제)
勝	(이길 승)	克(이길 극)	敗	(패할 패) 負(질 부)
視	(볼 시)	監(볼 감) 觀(볼 관)	聽	(들을 청)
深	(깊을 심)	奧(깊을 오)	淺	(얕을 천)
我	(나 아)	吾(나 오)	彼	(저 피) 汝(너 여) 爾(너 이)
愛	(사랑할 애)	慈(사랑 자)	惡	(미워할 오) 憎(미워할 증)
嚴	(엄할 엄)	肅(엄숙할 숙)	慈	(사랑 자)

漢字의 뜻이 비슷한 類義字와 반대의 뜻을 가진 相對字[3]

✦ 좌측에 있는 漢字와 우측의 漢字가 반대되는 字이고 가운데가 유의자입니다.

右측의 漢字(한자)와	類義字(유의자)	左측 漢字(한자)의 相對字(상대자)
逆 (거스릴 역)	悖(거스를 패)	順 (순할 순) 忠(충성 충)
厭 (싫어할 염)	嫌(싫어할 혐) 惡(미워할 오)	樂 (좋아할 요)
友 (벗 우)	朋(벗 붕)	敵 (원수 적)
優 (넉넉할 우)	俳(배우 배) 倡(광대 창)	劣 (못할 열)
隱 (숨을 은)	匿(숨길 닉) 遁(숨을 둔)	現 (나타날 현) 顯(나타날 현)
陰 (그늘 음)	蔭(그늘 음)	陽 (볕 양) 光(빛 광) 晴(갤 청)
因 (인할 인)	緣(인연 연)	果 (실과 과)
雌 (암컷 자)	牝(암컷 빈)	雄 (수컷 웅)
戰 (싸움 전)	競(다툴 경) 爭(다툴 쟁) 鬪(싸움 투)	和 (화목할 화)
絶 (끊을 절)	斷(끊을 단)	繼 (이을 계) 紹(이을 소) 嗣(이을 사)
淨 (깨끗할 정)	淸(맑을 청) 潔(깨끗할 결)	汚 (더러울 오) 穢(더러울 예)
靜 (고요할 정)	寂(고요할 적) 謐(고요할 밀)	動 (움직일 동)
朝 (아침 조)	旦(아침 단)	夕 (저녁 석) 夜(밤 야) 暮(저물 모)
燥 (마를 조)	乾(마를 건) 枯(마를 고)	濕 (젖을 습)
尊 (높을 존)	高(높을 고) 崇(높을 숭)	卑 (낮을 비)
呪 (빌 주)	咀(씹을 저) 詛(저주할 저)	祝 (빌 축)
衆 (무리 중)	徒(무리 도) 黨(무리 당) 群(무리 군)	寡 (적을 과)
眞 (참 진)	實(열매 실)	假 (거짓 가) 僞(거짓 위)
進 (나아갈 진)	就(나아갈 취)	退 (물러날 퇴)
集 (모을 집)	募(모을 모) 蒐(모을 수) 纂(모을 찬)	配 (나눌 배) 散(흩을 산)
着 (붙을 착)	附(붙을 부) 粘(붙을 점)	脫 (벗을 탈) 發(필 발)
創 (비롯할 창)	始(비롯할 시)	模 (본뜰 모)
添 (더할 첨)	添(더할 첨) 加(더할 가)	削 (깎을 삭) 減(덜 감)
尖 (뾰족할 첨)	端(끝 단)	丸 (둥글 환)
淸 (맑을 청)	淑(맑을 숙) 澄(맑을 징)	濁 (흐릴 탁)
忠 (충성 충)	順(순할 순)	奸 (간사할 간) 逆(거스릴 역)
豊 (풍성 풍)	饒(넉넉할 요) 裕(넉넉할 유)	凶 (흉할 흉)
賢 (어질 현)	良(어질 량)	愚 (어리석을 우)
厚 (두터울 후)	濃(짙을 농) 敦(도타울 돈)	薄 (엷을 박)
興 (일 흥)	隆(높을 륭) 起(일어날 기)	亡 (망할 망) 敗(패할 패)

漢字능력검정시험 대비 한자성어 및 고사성어[1]

ㄱ 漢字成語[한자성어]

街談巷說(가담항설) : 항간에 떠도는 소문.
苛斂誅求(가렴주구) : 가혹하게 세금을 징수하고, 무리하게 재산 등을 빼앗음.
假弄成眞(가롱성진) : 장난삼아 한 일이 정말이 됨.
刻骨難忘(각골난망) : 은혜에 대한 고마운 마음이 깊이 뼛속까지 스며 잊히지 아니함.
各自圖生(각자도생) : 제각기 살아나갈 길을 꾀함.
刻舟求劍(각주구검) : 시대에 뒤떨어진 것만 고집하는 어리석음. 守株待兎(수주대토)
肝膽相照(간담상조) : 마음을 터놓고 진심으로 사귀는 친구 사이.
渴而穿井(갈이천정) : 목이 말라야 우물을 팜.
敢不生心(감불생심) : 능력 없어 감히 생각도 못함.
甘言利說(감언이설) : 이로운 조건을 내세워 남을 꾀하는 말
感之德之(감지덕지) : 고맙게 여기어 어찌할 줄 모름.
甘呑苦吐(감탄고토) : 달면 삼키고 쓰면 뱉음.
甲男乙女(갑남을녀) : 匹夫匹婦(필부필부), 善男善女(선남선녀), 평범한 사람들
甲論乙駁(갑론을박) : 서로 주장을 내세우고 상대방의 주장을 반박함.
改過遷善(개과천선) : 잘못을 고쳐 착해짐.
蓋棺事定(개관사정) : 사람은 죽은 후에야 정당한 평가를 할 수 있다.
開卷有益(개권유익) : 독서를 하면 도움이 됨.
去頭截尾(거두절미) : 요점만 말함.
居安思危(거안사위) : 편안한 때에 앞으로 닥칠 위기를 생각함.
乾坤一擲(건곤일척) : 전력을 다하여 마지막 승부나 승패를 겨룬다.
格物致知(격물치지) : 사물의 이치를 연구하여 지식을 확실히 함.
隔靴搔癢(격화소양) : 마음으로 애써 하려 하나 만족하지 못함.
牽强附會(견강부회) : 말을 억지로 끌어 붙여 자기 주장하는 조건에 맞도록 함.
見利忘義(견리망의) : 이익을 보면 의리를 잊음.
見利思義(견리사의) : 눈앞에 이익이 보일 때, 의리를 생각함.
犬馬之勞(견마지로) : 윗사람을 위해 애쓰는 노력을 겸손히 일컫는 말.
見蚊拔劍(견문발검) : 모기를 보고 칼을 뺌.
見物生心(견물생심) : 물건을 보면 그것을 가지고 싶은 욕심이 생김.
結者解之(결자해지) : 자기가 저지른 일은 자기가 해결해야 한다.
結草報恩(결초보은) : 죽어서까지도 은혜를 갚음.
兼人之勇(겸인지용) : 여러 사람을 당해 낼 용기.

漢字능력검정시험 대비 한자성어 및 고사성어[2]

ㄱ · · · · · 漢字成語[한자성어]

輕擧妄動(경거망동) : 경솔하고 망령된 행동.
傾國之色(경국지색) : 나라의 운명을 위태롭게 할만한 절세의 미인.
經世濟民(경세제민) : 세상을 구하고 백성을 구함.
敬而遠之(경이원지) : 곁으로는 공경하는 체 하면서 속으로는 멀리함.
鷄卵有骨(계란유골) : 운수 나쁜 사람은 좋은 기회를 만나도 일이 잘 안됨.
鷄肋 (계륵) : 가치는 없으나 버리기 아까움을 비유.
鷄鳴狗盜(계명구도) : 하찮은 재주가 뜻밖에 큰 구실을 함.
孤軍奮鬪(고군분투) : 외로운 군사력으로 대적과 싸움.
孤立無援(고립무원) : 고립되어 도움받을 수 없음.
鼓腹擊壤(고복격양) : 세상이 태평하여 근심 없이 안락하게 삶.
姑息之計(고식지계) : 당장 편안한 것만 택하는 계책. 凍足放尿(동족방뇨), 姑息策(고식책)
苦肉之策(고육지책) : 적을 속이거나 목적을 달성하려고 제 몸을 괴롭히는 계책.
孤掌難鳴(고장난명) : 상대가 없으면 혼자서는 일을 이루기가 어려움. 獨掌難鳴(독장난명)
苦盡甘來(고진감래) : 고생 끝에 즐거움이 옴.
曲學阿世(곡학아세) : 정도를 벗어난 학문으로 세상 사람에게 아첨함.
骨肉相爭(골육상쟁) : 형제나 같은 민족끼리 서로 다툼을 뜻함.
公卿大夫(공경대부) : 벼슬이 높은 사람들.
過猶不及(과유불급) : 정도를 지나침을 미치지 못한 것과 같음.
管鮑之交(관포지교) : 아주 친한 친구사이의 두터운 우정.
刮目相對(괄목상대) : 눈을 비비고 다시 볼 정도로 크게 향상됨. 日就月將(일취월장)
矯角殺牛(교각살우) : 잘못을 고치려다 오히려 일을 그르침. 矯枉過正(교왕과정), 矯枉過直
巧言令色(교언영색) : 남에게 아첨하려고 듣기 좋게 꾸미는 말과 얼굴빛.
敎外別傳(교외별전) : 以心傳心(이심전심), 不立文字(불립문자), 마음에서 마음으로 뜻을 전함.
膠柱鼓瑟(교주고슬) : 변통성이 없는 소견을 비유함.
狡兎三窟(교토삼굴) : 교묘한 꾀로 어려움을 피함.
敎學相長(교학상장) : 가르치거나 배우는 일이 모두 학업을 증진시킴.
狗尾續貂(구미속초) : 훌륭한 것에 보잘것없는 것이 뒤따르다.
口蜜腹劍(구밀복검) : 친절하나 속으로는 헤칠 생각을 함.
九死一生(구사일생) : 여러 번 죽을 고비를 겪고 살아남.
口尙乳臭(구상유취) : 언행이 매우 유치함.
鳩首會議(구수회의) : 여럿이 한자리에 모여 앉아 머리를 맞대고 의논함.

漢字능력검정시험 대비 한자성어 및 고사성어[3]

ㄱ •••• 漢字成語[한자성어]

九牛一毛(구우일모) : 많은 것 가운데서 가장 적거나 매우 하찮은 것. 滄海一粟(창해일속)
群鷄一鶴(군계일학) : 평범한 사람들 가운데 뛰어난 사람. 白眉(백미), 出衆(출중)
群雄割據(군웅할거) : 많은 영웅이 각지에 자리 잡고 서로 세력을 다툼.
窮餘之策(궁여지책) : 매우 궁하여 어려운 끝에 짜낸 한 가지 꾀.
權謀術數(권모술수) : 남을 교묘하게 속이는 술책.
權不十年(권불십년) : 권세가 십 년을 가지 못함.
勸善懲惡(권선징악) : 착한 일은 권장하고 악한 일은 징계함.
捲土重來(권토중래) : 실패 후 다시 분기하여 세력을 되찾음.
橘化爲枳(귤화위지) : 좋은 물건이라도 처지와 상황이 알맞지 않으면 왜곡될 수밖에 없다.
近墨者黑(근묵자흑) : 나쁜 사람을 가까이하면 물들기 쉬움.
金科玉條(금과옥조) : 귀중한 법칙, 규정.
金蘭之契(금란지계) : 마음이 맞고, 두터운 우정.
今時初聞(금시초문) : 이제 비로소 처음으로 듣다.
錦衣夜行(금의야행) : 아무 보람이 없는 행동.
錦衣還鄕(금의환향) : 객지에서 성공하여 고향으로 돌아옴.
金枝玉葉(금지옥엽) : 임금의 자손이나 집안의 귀한 자손.
氣高萬丈(기고만장) : 씩씩한 기운이 크게 떨침.
起死回生(기사회생) : 죽음에서 일어나 삶을 회복함.
杞憂　　　(기우)　　　: 쓸데없는 걱정.
騎虎之勢(기호지세) : 시작한 일이라 중도에서 그만둘 수 없는 형세.

ㄴ •••• 漢字成語[한자성어]

落花流水(낙화유수) : 남녀 간의 그리운 심정 비유.
難兄難弟(난형난제) : 우열을 분간하기 어려움.
南柯一夢(남가일몽) : 꿈과 같이 헛된 부귀영화.
男負女戴(남부여대) : 가난한 사람 살 곳을 찾아다닌다.
濫觴　　　(남상)　　　: 사물의 시초. 큰 강물도 원천은 한 잔의 물에서 출발한다.
囊中之錐(낭중지추) : 주머니 속의 송곳. 뛰어난 재주는 숨겨도 드러남.
囊中取物(낭중취물) : 주머니 속의 물건을 꺼냄. 손쉽게 얻을 수가 있다는 뜻.
內憂外患(내우외환) : 나라 안팎의 근심과 걱정.
怒甲移乙(노갑이을) : 종로에서 뺨을 맞고 한강에서 눈 흘긴다.

漢字능력검정시험 대비 한자성어 및 고사성어[4]

ㄴ ····· 漢字成語[한사성어]
勞心焦思(노심초사) : 마음으로 애쓰며 속을 태운다.
綠衣紅裳(녹의홍상) : 연두색 저고리와 다홍치마. 젊은 여자가 곱게 차린 옷 색깔.
論功行賞(논공행상) : 세운 공을 논하여 상을 줌.
累卵之危(누란지위) : 累卵之勢(누란지세). 새알을 쌓아놓은 것처럼 아슬아슬한 위기.
能小能大(능소능대) : 크고 적은 일에 모두 능함.

ㄷ ····· 漢字成語[한사성어]
多岐亡羊(다기망양) : 亡羊之歎(망양지탄). 갈림길이 많아 양을 잃는다.
多多益善(다다익선) : 많으면 많을수록 좋다.
多事多難(다사다난) : 일도 많고 어려움도 많음.
斷金之交(단금지교) : 우정이 쇠붙이를 끊는다. 단단한 우정.
斷機之戒(단기지교) : 중간에 그만둔 학문은 쓸모가 없다.
單刀直入(단도직입) : 곧바로 말함.
斷末魔　(단말마) : 숨이 끊어질 때의 고통.
堂狗風月(당구풍월) : 유식한 사람과 같이 있으면 견문이 넓어짐.
螳螂拒轍(당랑거철) : 분수 모르고 강적에게 대듦.
大喝一聲(대갈일성) : 크게 한 번 소리치다.
大驚失色(대경실색) : 몹시 놀라 얼굴빛을 잃다.
大器晚成(대기만성) : 큰 인물은 늦게 이루어짐.
道不拾遺(도불습유) : 나라가 태평함. 백성이 길에 떨어진 물건을 주워 갖지 아니함.
道聽塗說(도청도설) : 뜬소문. 경솔히 듣고 경망하게 말을 함.
塗炭之苦(도탄지고) : 흙탕물과 숯불과 같은 고통.
東家食西家宿(동가식서가숙) : 떠돌아다니며 얻어먹고 지냄.
同價紅裳(동가홍상) : 같은 값이면 다홍치마.
同苦同樂(동고동락) : 함께 괴로워하고 즐거워함.
東問西答(동문서답) : 엉뚱한 대답.
同病相憐(동병상련) : 같은 처지에 있는 사람끼리 서로 불쌍히 여김.
東奔西走(동분서주) : 이리저리 바쁘게 쏘다니는 것.
同床異夢(동상이몽) : 겉과 다르게 속으로는 다른 생각을 함.
杜門不出(두문불출) : 집안에만 틀어박혀 세상 밖으로 나다니지 아니함.
登高自卑(등고자비) : 높은 곳에 오르려면 낮은 곳에서부터 시작함.

漢字능력검정시험 대비 한자성어 및 고사성어[5]

ㄷ •••• 漢字成語[한자성어]
登龍門　　(등용문)　：입신출세에 어려운 관문. 시험.
燈下不明(등하불명)：등잔 밑이 어둡다. 가까이 있는 것을 알아내기 어려움.
燈火可親(등화가친)：가을은 밤이 길어지고 서늘하여 등불을 밝히고 책을 읽기 좋다.

ㅁ •••• 漢字成語[한자성어]
馬耳東風(마이동풍)：남의 의견을 귀담아듣지 아니함. 소귀에 경 읽기.
莫逆之友(막역지우)：아주 허물없이 지내는 친구.
萬事休矣(만사휴의)：모든 일이 헛되게 됨.
晩時之歎(만시지탄)：기회를 잃은 것에 대한 한탄.
萬彙群象(만휘군상)：우주의 수많은 형상.
亡羊補牢(망양보뢰)：소 잃고 외양간 고친다.
亡羊之歎(망양지탄)：학문이 길이 여러 갈래라 길을 잡기가 어렵다.
望雲之情(망운지정)：객지에서 자식이 부모를 그리워하는 마음.
麥秀之嘆(맥수지탄)：고국의 망함을 한탄함.
面從腹背(면종복배)：앞에서 복종하고 뒤에서 배신함.
名不虛傳(명불허전)：명예로운 이름은 마땅히 실적이 있어야 전해짐.
名實相符(명실상부)：이름과 실제가 부합함.
明若觀火(명약관화)：불을 보듯이 명확히 알 수 있음.
命在頃刻(명재경각)：금방 숨이 넘어갈 지경.
毛遂自薦(모수자천)：자기 스스로 자신을 천거함.
目不識丁(목불식정)：아주 무식함. 낫 놓고 기역자도 모른다.
武陵桃源(무릉도원)：속세를 떠난 별천지.
無所不爲(무소불위)：못할 일이 없음.
刎頸之交(문경지교)：목숨을 바꿀만한 절친한 친구.
文房四友(문방사우)：종이, 붓, 벼루, 먹.
門外漢　　(문외한)　：어떤 일에 대한 전문적인 지식이 없거나 관련이 없음.
聞一知十(문일지십)：하나를 들으니 열 가지를 미루어 안다. 매우 총명함.
門前成市(문전성시)：방문객이 많아 문 앞에 시장을 이루다.
物我一體(물아일체)：자연과 자아가 하나가 됨. 物心一如(물심일여)
彌縫策　　(미봉책)　：임시로 꾸며 눈가림하는 계책.
美辭麗句(미사여구)：아름다운 말과 훌륭한 글귀.

漢字능력검정시험 대비 한자성어 및 고사성어[6]

◘ ····· **漢字成語**[한자성어]
尾生之信(미생지신) : 융통성 없이 신의만 굳게 지킴.
未曾有　(미증유)　: 아직까지 있어 본 적이 없음. 前代未聞(전대미문)

◘ ····· **漢字成語**[한자성어]
博而不精(박이부정) : 여러 방문으로 널리 아나 자세하지는 못함.
拍掌大笑(박장대소) : 손뼉을 치면서 크게 웃는다.
半面之分(반면지분) : 얼굴은 알아도 친하지 않음.
反目嫉視(반목질시) : 서로 미워하고 질투하다.
反哺之孝(반포지효) : 자식이 자라서 부모의 은혜를 갚음.
拔本塞源(발본색원) : 폐단의 근원을 뽑고 막아버림.
傍若無人(방약무인) : 곁에 사람이 없는 듯이 함부로 행동하다. 眼下無人(안하무인)
蚌鷸之爭(방휼지쟁) : 漁父之利(어부지리). 서로 다투다가 제삼자에게 이익을 줌.
背水之陣(배수지진) : 목숨을 걸고 싸우는 방책.
背恩忘德(배은망덕) : 은혜를 저버리고 배반함.
白骨難忘(백골난망) : 죽어서 백골이 되어도 은혜를 잊을 수 없음.
百年河淸(백년하청) : 아무리 세월이 흘러가도 일을 해결할 희망이 없음.
白面書生(백면서생) : 얼굴이 해맑은 젊은이로 세상 경험이 부족한 사람.
白眉　　(백미)　　: 흰 눈썹. 여러 가운데에서 가장 뛰어난 사람이나 훌륭한 물건.
白眼視　(백안시)　: 업신여기거나 냉대하여 흘겨봄.
百折不屈(백절불굴) : 어떤 고난도 이겨 나감.
伯仲之勢(백중지세) : 우열을 가리기 어려운 형세.
百尺竿頭(백척간두) : 風前燈火(풍전등화). 매우 위태로운 지경에 이름.
兵家常事(병가상사) : 전쟁에서 이기고 지는 것은 보통 있는 일이다.
不知其數(부지기수) : 너무 많아 수를 셀 수 없음.
夫唱婦隨(부창부수) : 남편이 노래하면 아내가 따라하다.
附和雷同(부화뇌동) : 주견이 없이 남의 말에 덩달아 놀아남.
北窓三友(북창삼우) : 거문고와 술과 시
粉骨碎身(분골쇄신) : 자기 몸을 돌보지 않고 정성을 다해 전력을 쏟음.
不可思議(불가사의) : 사람 생각으로 이해하기 어려움.
不共戴天之讎(불공대천지수) : 같은 하늘 아래 서는 함께 살 수 없는 원수.
不立文字(불립문자) : 以心傳心(이심전심). 마음에서 마음으로 전한다.

漢字능력검정시험 대비 한자성어 및 고사성어[7]

ㅂ •••• 漢字成語[한자성어]

不眠不休(불면불휴) : 자지도 않고 쉬지도 않는다.
不問可知(불문가지) : 옳고 그름은 묻지 않아도 가히 알 수 있음.
不問曲直(불문곡직) : 이유도 묻지 않고 함부로 함.
不撤晝夜(불철주야) : 밤과 낮을 가리지 아니함.
不恥下問(불치하문) : 아랫사람에게 묻는 것을 부끄러워하지 않음.
非夢似夢(비몽사몽) : 꿈인지 생시인지 어렴풋한 상태.
非一非再(비일비재) : 아주 많음. 하나도 아니고 둘도 아님.
貧者一燈(빈자일등) : 물질보다 정성이 소중하다.
氷炭之間(빙탄지간) : 얼음과 숯 사이. 서로 용납될 수 없는 사이.

ㅅ •••• 漢字成語[한자성어]

四顧無親(사고무친) : 의지할 사람이나 친척이 전혀 없이 외로움.
四面楚歌(사면초가) : 사면이 적에게 포위됨. 고립된 상태.
四分五裂(사분오열) : 천하가 크게 어지러워짐.
砂上樓閣(사상누각) : 모래 위의 누각. 기초가 약하여 위태함.
獅子吼　　(사자후) 　: 크게 부르짖어 열변하는 연설.
蛇足　　　(사족) 　　: 쓸데없는 것을 덧붙여 오히려 잘못됨.
四通五達(사통오달) : 길이나 통신망이 사방으로 막힘없이 통함.
事必歸正(사필귀정) : 모든 일은 반드시 바른 데로 돌아간다.
死後藥方文(사후약방문) : 때가 이미 늦었음.
山紫水明(산자수명) : 산수의 경치가 아름다움.
山戰水戰(산전수전) : 험한 세상의 온갖 어려운 일.
殺身成仁(살신성인) : 자기를 희생해 仁(인)을 이룸.
三顧草廬(삼고초려) : 인재를 맞아들이려고 참을성 있게 노력함.
三昧境　　(삼매경) 　: 무아지경. 無念無想(무념무상). 정신을 집중하는 일.
三旬九食(삼순구식) : 몹시 가난함. 서른 날에 아홉 끼니를 먹는다.
三人成虎(삼인성호) : 근거 없는 말도 여럿이 하면 곧이듣게 됨.
三遷之敎(삼천지교) : 교육에는 환경이 매우 중요함.
桑田碧海(상전벽해) : 세상일이 변천이 심함. 10년이면 강산이 변함.
塞翁之馬(새옹지마) : 인생의 길흉화복은 변화가 많아 예측불허. 전화위복.
雪上加霜(설상가상) : 불행한 일이 잇달아 일어남. 엎친 데 덮친다.

漢字능력검정시험 대비 한자성어 및 고사성어[8]

ㅅ ···· 漢字成語[한자성어]

小貪大失(소탐대실) : 작은 것 탐내다 큰 거 잃는다.
束手無策(속수무책) : 묶인 듯이 어찌할 도리가 없어 꼼짝 못함.
送舊迎新(송구영신) : 묵은해 보내고 새해를 맞이함.
首丘初心(수구초심) : 고향을 그리워하는 마음.
手不釋卷(수불석권) : 늘 책을 읽고 공부함. 손에서 책을 놓지 않음.
袖手傍觀(수수방관) : 간섭하거나 거들지 않고 그대로 버려둠.
修身齊家(수신제가) : 행실을 닦고 집안을 다스림.
水魚之交(수어지교) : 물고기와 물의 사이처럼 아주 친밀하여 떨어질 수 없는 사이.
守株待兎(수주대토) : 융통성이 없는 행동. 刻舟求劍(각주구검)
脣亡齒寒(순망치한) : 입술이 없으면 이가 시리다는 뜻. 한쪽이 망하면 다른 한쪽도 망함.
是是非非(시시비비) : 옳은 것은 옳고 그른 것은 그르다고 하는 일. 公平無私(공평무사)
始終一貫(시종일관) : 처음과 끝이 같은 방침이나 태도로 나감.
識字憂患(식자우환) : 학식이 있는 것이 도리어 근심을 사게 된다.
信賞必罰(신상필벌) : 상벌을 공정하게 행함.
身言書判(신언서판) : 몸, 말씨, 글씨, 판단력. 인물을 판단하는 네 가지 조건.
實事求是(실사구시) : 사실에 토대하여 진리를 탐구하는 일.
十匙一飯(십시일반) : 힘을 합하면 한 사람을 도울 수 있음. 열 숟가락이 한 끼의 밥이 된다.
十日之菊(십일지국) : 국화는 9월9일이 절정으로 이미 때가 늦었다.

ㅇ ···· 漢字成語[한자성어]

阿鼻叫喚(아비규환) : 참혹한 고통 가운데서 살려 달라고 울부짖는 상태.
阿諛苟容(아유구용) : 환심을 사려고 알랑거리며 구차스럽게 행동함.
我田引水(아전인수) : 제논에 물대기란 뜻으로. 자기에게 이롭기만 함.
惡戰苦鬪(악전고투) : 고난이 많고 어려운 싸움. 孤軍奮鬪(고군분투).
安分知足(안분지족) : 분수를 지키며 만족함.
安貧樂道(안빈낙도) : 가난한 생활이지만 편안한 마음으로 道(도)를 즐김.
眼下無人(안하무인) : 교만하여 남을 업신여김.
暗中摸索(암중모색) : 어둠 속에서 더듬어 찾듯이 어림으로 무엇을 찾아내려 함.
弱肉强食(약육강식) : 강한 놈이 약한 놈을 먹는다.
羊頭狗肉(양두구육) : 겉으로는 그럴 듯하나 속은 변변하지 않음
養虎遺患(양호유환) : 기른 범이 우환이 됨. 화근이 될 것을 길러 나중에 화를 당함.

漢字능력검정시험 대비 한자성어 및 고사성어[9]

◦····· **漢字成語**[한자성어]

魚變成龍(어변성룡) : 어릴 때는 신통치 않던 자가 커서 훌륭해짐.
漁父之利(어부지리) : 蚌鷸之爭(방휼지쟁). 犬兎之爭(견토지쟁). 제삼자가 이득을 챙긴다.
語不成說(어불성설) : 말이 이치에 맞지 않는다.
言語道斷(언어도단) : 말문이 막힘. 어이가 없다.
言中有骨(언중유골) : 예사로운 말 속에 심상치 않은 뜻이 있음.
如履薄氷(여리박빙) : 살얼음을 밟는 것과 같은. 처세에 조심하라.
逆鱗　　　(역린)　　: 임금의 분노. 용의 턱밑에 거꾸로 난 비늘 한 장. 건드리면 죽음을 당함.
易地思之(역지사지) : 처지를 바꾸어 생각함.
緣木求魚(연목구어) : 나무에 올라가 고기를 구함. 불가능한 일을 하려고 한다.
五里霧中(오리무중) : 갈피를 못 잡고 알 길이 없다.
寤寐不忘(오매불망) : 자나깨나 잊지 못함.
吾不關焉(오불관언) : 나는 상관하지 않는다.
吾鼻三尺(오비삼척) : 내 코가 석 자. 자기 사정이 다급하여 남에게 신경 쓸 여유가 없음.
烏飛梨落(오비이락) : 일이 공교롭게도 같이 일어나 남의 의심을 받게 됨.
傲霜孤節(오상고절) : 서릿발 속에서도 굴하지 않고 지키는 절개.
五十步百步(오십보백보) : 약간의 차이는 있지만, 본질적인 차이는 없음.
吳越同舟(오월동주) : 서로 적의를 가진 자들이 같은 처지나 한자리에 놓임.
烏合之卒(오합지졸) : 까마귀 떼같이 질서없는 무리.
玉石俱焚(옥석구분) : 선악 구별 없이 함께 멸망함.
溫故知新(온고지신) : 옛것을 익히고 그것을 미루어서 새것을 앎.
臥薪嘗膽(와신상담) : 뜻을 이루려는 일념으로 스스로 괴로움을 겪으면서 다짐함.
外柔內剛(외유내강) : 겉으로는 부드럽고 순하게 보이나 속은 단단하고 굳셈.
欲速不達(욕속부달) : 일을 급하게 하고자 서두르면 오히려 이루지 못함.
龍頭蛇尾(용두사미) : 처음은 좋으나 끝이 좋지 않음을 비유하는 말.
龍蛇飛騰(용사비등) : 용, 뱀이 움직이는 것처럼 아주 활기찬 필력.
用意周到(용의주도) : 준비가 철저하여 빈틈없음.
愚公移山(우공이산) : 산을 옮긴다. 어렵고 큰일이라도 끊임없이 노력하면 이루어진다.
迂餘曲折(우여곡절) : 뒤얽힌 복잡한 사정이나 변화.
雨後竹筍(우후죽순) : 비 온 후 솟는 竹筍(죽순). 같이 어떤 일이 한때에 많이 일어남.
遠禍召福(원화소복) : 화를 보내고 복을 불러들인다.
韋編三絶(위편삼절) : 주역을 즐겨 읽어 책의 가죽끈이 세 번이나 끊어짐. 독서에 열중.

漢字능력검정시험 대비 한자성어 및 고사성어[10]

○····· **漢字成語**[한자성어]

有口無言(유구무언) : 입이 있으나 할 말이 없음.
類萬不同(유만부동) : 모든 것이 서로 같지 아니함.
有名無實(유명무실) : 명성만 있고 실상은 없다.
流芳百世(유방백세) : 아름다운 이름을 후세에 길이 남김.
有備無患(유비무환) : 준비가 있으면 근심이 없음.
唯我獨尊(유아독존) : 자기만이 잘났다고 뽐냄.
類類相從(유유상종) : 같은 무리끼리 서로 좇아서 사귐. 草綠同色(초록동색). 가재는 게 편.
隱忍自重(은인자중) : 마음속에 감추고 참고 견디며 신중하게 행동함.
意味深長(의미심장) : 말이나 글의 뜻이 매우 깊음.
異口同聲(이구동성) : 여러 사람의 말이 같다.
以實直告(이실직고) : 사실대로 바로 말하다.
以心傳心(이심전심) : 마음에서 마음으로 전함. 敎外別傳(교외별전). 不立文字(불립문자).
以熱治熱(이열치열) : 힘은 힘으로써 물리친다. 열은 열로써 다스린다.
二律背反(이율배반) : 서로 모순되는 두 개의 명제가 동등한 권리로 주장되는 일.
泥田鬪狗(이전투구) : 진흙탕에서 싸우는 개. 더럽고 추한 상황.
李下不整冠(이하부정관) : 남에게 의심받을 행동은 하지 마라.
因果應報(인과응보) : 과거나 선악에 따라 훗날 길흉화복이 갚음을 받게 된다.
人面獸心(인면수심) : 겉으로는 좋으나 속이 검은 사람.
人事不省(인사불성) : 정신을 잃고 의식을 모르다.
人之常情(인지상정) : 누구나 갖는 보편적 인정.
一擧兩得(일거양득) : 一石二鳥(일석이조). 한 가지 일로써 두 가지 이익을 얻음.
一刀兩斷(일도양단) : 머뭇거리지 않고 일이나 행동을 선 듯 결정함.
一目瞭然(일목요연) : 첫눈에 똑똑하게 알 수 있음.
一絲不亂(일사불란) : 질서가 정연하여 조금도 어지러움이 없음.
一瀉千里(일사천리) : 조금도 거침없이 진행됨.
一魚濁水(일어탁수) : 한 사람이 잘못으로 여러 사람이 손해를 입다.
一言以蔽之(일언이폐지) : 말 한마디로 뜻을 다함.
一言之下(일언지하) : 말 한마디로 끊음. 한 마디로 딱 잘라 말함.
一葉知秋(일엽지추) : 나뭇잎에서 가을이 온 것을 안다. 작은 일로 장차 있을 일을 짐작하다.
一場春夢(일장춘몽) : 한바탕 허무한 봄 꿈.
一觸卽發(일촉즉발) : 조금만 닿아도 곧 폭발할 것 같은 모양.

漢字능력검정시험 대비 한자성어 및 고사성어[11]

ㅇ 漢字成語[한자성어]

一寸光陰(일촌광음) : 아주 짧은 시간.
日就月將(일취월장) : 날로달로 자라거나 발전함.
一片丹心(일편단심) : 변치 않는 참된 마음.
一攫千金(일확천금) : 쉽게 많은 재물을 얻다.
臨機應變(임기응변) : 형편에 따라 알맞게 일을 처리함. (임시방편). (미봉책). (고식지계)
臨戰無退(임전무퇴) : 싸움에 임하여 물러섬이 없다.
立身揚名(입신양명) : 출세하여 이름을 드날림.

ㅈ 漢字成語[한자성어]

自家撞着(자가당착) : 말과 행동을 잘못하여 스스로 얽혀 들어감. 앞뒤가 모순됨.
自強不息(자강불식) : 노력하여 힘쓰고 쉬지 않음.
自激之心(자격지심) : 제가 한 일에 대하여 스스로 미흡한 생각을 함.
自手成家(자수성가) : 물려받은 재산 없이 스스로 재산을 모아 살림을 이루다.
自繩自縛(자승자박) : 자기의 마음씨나 언행으로 자기가 구속을 당하여 괴로워함.
自業自得(자업자득) : 자기가 저지른 일의 업을 자기가 받음.
自重自愛(자중자애) : 자신을 소중히 여기고 아낌.
自中之亂(자중지란) : 자기네 한 동아리 안에서 일어나는 싸움.
自暴自棄(자포자기) : 마음에 불만이 있어 되는대로 행동하고 자신을 돌아보지 않음.
張三李四(장삼이사) : 匹夫匹婦(필부필부). 甲男乙女(갑남을녀). 평범한 보통사람들.
長幼有序(장유유서) : 어른과 아이 사이에는 순서와 질서가 있다.
才子佳人(재자가인) : 재주 있는 남자. 아름다운 여자.
賊反荷杖(적반하장) : 도둑이 매를 든다. 잘못한 사람이 도리어 죄 없는 사람을 나무람.
赤手空拳(적수공권) : 아무것도 가진 것이 없음.
適材適所(적재적소) : 마땅한 인재를 적합한 자리에 쓰다.
電光石火(전광석화) : 번개, 부싯돌 불처럼 신속함.
前代未聞(전대미문) : 지금까지 들어본 일이 없는 새로운 일.
前途有望(전도유망) : 앞길이 유망함. 앞으로 잘 되어 나갈 희망이 있음.
前無後無(전무후무) : 전에도 없고 앞으로도 없음.
戰戰兢兢(전전긍긍) : 매우 두려워하여 조심함.
輾轉反側(전전반측) : 뒤척이며 잠을 이루지 못함.
轉禍爲福(전화위복) : 좋지 않은 일이 바뀌어 오히려 좋은 일이 생김.

漢字능력검정시험 대비 한자성어 및 고사성어[12]

ㅈ ····· 漢字成語[한자성어]

切磋琢磨(절차탁마) : 옥이나 돌 따위를 갈고 닦아서 빛을 냄. 학문이나 덕행을 부지런히 닦음.
切齒腐心(절치부심) : 분하여 이를 갈며 속을 썩임.
漸入佳境(점입가경) : 들어갈수록 점점 재미있음.
頂門一鍼(정문일침) : 급소를 짚는 따끔한 충고.
井底之蛙(정저지와) : 우물 안 개구리. 井庭蛙(정정와). 井中蛙(정중와).
諸行無常(제행무상) : 인생이 덧없다.
糟糠之妻(조강지처) : 몹시 가난하고 천한 생활을 할 때 고생을 함께 겪어온 아내.
朝令暮改(조령모개) : 아침의 법령 저녁에 거둔다. 법령을 자주 고침.
朝變夕改(조변석개) : 朝三暮四(조삼모사) : 간사한 꾀로 사람을 속여 농락함.
鳥足之血(조족지혈) : 새 발의 피. 양이 매우 적음.
坐不安席(좌불안석) : 마음이 불안하고 걱정스러워 한곳에 오래 머물러 있지 못함.
坐井觀天(좌정관천) : 우물 안에서 하늘을 본다. 견문이 아주 좁음.
左之右之(좌지우지) : 왼쪽으로 갔다가 오른쪽으로 갔다가 한다. 마음대로 한다.
左衝右突(좌충우돌) : 이리저리 마구 찌르고 부딪힘.
主客顚倒(주객전도) : 주인과 손님의 위치가 뒤바뀜.
晝耕夜讀(주경야독) : 낮에는 일하고 밤에는 공부함. 어려운 여건 속에서 틈을 내어 공부함.
走馬加鞭(주마가편) : 열심히 하는 사람을 더욱 잘하도록 권장함.
走馬看山(주마간산) : 수박 겉핥기. 자세하지 못하고 겉핥기로 지나침.
竹馬故友(죽마고우) : 어릴 때부터 놀며 자란 벗.
衆寡不敵(중과부적) : 소수는 다수를 대적할 수 없음.
衆口難防(중구난방) : 막기 어려울 정도로 여럿이 마구 지껄임.
重言復言(중언부언) : 같은 말을 반복하다.
知己之友(지기지우) : 서로 뜻이 통하는 친한 벗.
指鹿爲馬(지록위마) : 사람을 농락하여 권세를 마음대로 휘두르다.
支離滅裂(지리멸렬) : 이리저리 흩어지고 찢기어 갈피를 잡을 수 없음.
知彼知己(지피지기) : 상대를 알고 나를 안다.
指呼之間(지호지간) : 부르면 대답할 만한 가까운 거리.
知音   (지음)   : 마음이 통하는 친한 벗.
知者樂水 仁者樂山(지자요수 인자요산) : 지혜로운 자는 물을, 어진 자는 산을 좋아함.
進退兩難(진퇴양난) : 進退維谷(진퇴유곡). 이러지도 저러지도 못하는 어려운 처지.
進退維谷(진퇴유곡) : 궁지에 몰린 입장. 四面楚歌(사면초가). 進退兩難(진퇴양난).

漢字능력검정시험 대비 한자성어 및 고사성어[13]

ㅈ ···· 漢字成語[한자성어]
嫉逐排斥(질축배척) : 시기하고 미워하여 물리침.

ㅊ ···· 漢字成語[한자성어]
此日彼日(차일피일) : 약속이나 기한 따위를 미루는 모양.
滄海一粟(창해일속) : 극히 작음. 사람이 천지간에 있음. 九牛一毛(구우일모).
天高馬肥(천고마비) : 하늘이 높고 말이 살찐다. 풍성한 가을을 말함.
千慮一得(천려일득) : 어리석은 자도 간혹 쓸만한 것이 있음.
千慮一失(천려일실) : 지혜로운 자도 간혹 실수가 있음.
天方地軸(천방지축) : 함부로 덤벙거리다.
泉石膏肓(천석고황) : 고질병이 되다시피 자연을 즐기고 좋아함.
千辛萬苦(천신만고) : 온갖 어려움과 고통.
天衣無縫(천의무봉) : 하늘나라 사람의 옷은 꿰맨 곳이 없다. 사물이 흠 없이 완벽함.
天人共怒(천인공노) : 하늘과 땅이 분노하다. 도저히 용서할 수 없음.
千載一遇(천재일우) : 천 년에 한 번 만남. 좀처럼 만나기 어려운 기회.
天眞爛漫(천진난만) : 가식이 없는 말과 행동.
千篇一律(천편일률) : 사물들이 대동소이하여 변화나 차이가 없음.
鐵面皮　(철면피)　: 염치를 모르고 뻔뻔한 사람을 비난하는 일.
靑雲之志(청운지지) : 청운의 뜻. 출세하려는 마음.
靑天霹靂(청천벽력) : 뜻밖에 일어나는 변고. 맑은 하늘에 날벼락.
靑出於藍(청출어람) : 제자가 스승보다 실력이나 평판이 뛰어남.
草綠同色(초록동색) : 풀과 녹색은 같은 색. 서로 같은 처지나 부류끼리 어울린다.
寸鐵殺人(촌철살인) : 짤막한 경구로 어떤 일의 급소를 찔러 사람을 감동시킴.
春秋筆法(춘추필법) : 〈춘추〉와 같이 비판적이고 엄정한 筆法(필법).
置之度外(치지도외) : 의중에 두지 않고 도외시함.
七顚八起(칠전팔기) : 七顚八倒(칠전팔도). 여러 번의 실패에도 굽히지 않고 분투함.
針小棒大(침소봉대) : 작은 일을 크게 과장해 말함.

ㅌ ···· 漢字成語[한자성어]
他山之石(타산지석) : 자기보다 부족한 사람의 언행도 인격을 수양하는 데 도움이 됨.
卓上空論(탁상공론) : 실현성이 희박한 공상.
泰斗　　(태두)　　 : 泰山北斗(태산북두). 한 분야의 최고로 인정받는 사람.

漢字능력검정시험 대비 한자성어 및 고사성어[14]

ㅌ···· 漢字成語[한자성어]
泰山北斗(태산북두) : 태산과 북두칠성처럼 존경받는 사람.
泰然自若(태연자약) : 침착하여 어떤 충동에도 마음이 동요하지 않는다.
兎死狐悲(토사호비) : 남의 처지를 보고 자신의 신세를 슬퍼함. 같은 무리의 불행을 슬퍼함.

ㅍ···· 漢字成語[한자성어]
波瀾萬丈(파란만장) : 인생을 살아가는 데 있어서 기복과 변화가 심함.
破顔大笑(파안대소) : 매우 즐거운 표정으로 활짝 웃음.
破竹之勢(파죽지세) : 대를 쪼개는 기세. 세력이 강하여 막을 수 없게 맹렬히 적은 친다.
破天荒　(파천황)　: 전례가 없는 일을 처음 시작함. (전대미문). (미증유). (최초).
弊袍破笠(폐포파립) : 너절하고 구차한 차림새.
抱腹絶倒(포복절도) : 배를 잡고 몸을 가누지 못할 정도로 몹시 웃다.
飽食暖衣(포식난의) : 배불리 먹고 따뜻하게 입음.
表裏不同(표리부동) : 겉과 속이 다름.
風樹之嘆(풍수지탄) : 부모가 이미 돌아가셔서 효도를 못함. 기회를 잃는 것을 한탄함.
風前燈火(풍전등화) : 바람 앞의 등불. 위급한 상태.
風餐露宿(풍찬노숙) : 거친 음식과 험한 잠자리.
匹夫之勇(필부지용) : 혈기만 믿고 함부로 행동하는 소인의 용기.
匹夫匹婦(필부필부) : 한 사람의 남자와 한 사람의 여자. 평범한 남녀.

ㅎ···· 漢字成語[한자성어]
鶴首苦待(학수고대) : 학처럼 목을 길게 늘이고 애타게 기다림.
漢江投石(한강투석) : 한강에 돌 던지기. 지나치게 미미하여 전혀 효과가 없음.
邯鄲之步(한단지보) : 자신의 본분을 잊고 남의 흉내만 내면 실패함.
汗馬之勞(한마지로) : 말을 달려 싸움터에서 힘을 다하여 싸운 공로.
汗牛充棟(한우충동) : 짐으로 실으면 소가 땀을 흘리고, 쌓으면 들보에까지 찬다. 매우 많은 책.
含哺鼓腹(함포고복) : 배불리 먹고 배 두드리다.
咸興差使(함흥차사) : 한 번 가면 깜깜무소식.
行動擧止(행동거지) : 몸을 움직이는 모든 것.
虛心坦懷(허심탄회) : 마음속에 아무런 사념 없이 품은 생각을 터놓고 말함.
虛張聲勢(허장성세) : 실속이 없이 허세로 떠벌림.
孑孑單身(혈혈단신) : 아무도 의지할 곳이 없음.

漢字능력검정시험 대비 한자성어 및 고사성어[15]

🌀 漢字成語[한자성어]

螢雪之功(형설지공) : 갖은 고생을 하며 학문을 닦아서 이룩한 공.
狐假虎威(호가호위) : 남의 권세를 빌어 자기가 위세를 부리는 것을 비유한 말.
糊口之策(호구지책) : 겨우 먹고 살아가는 방법.
好事多魔(호사다마) : 좋은 일에는 방해물이 많음.
虎視耽耽(호시탐탐) : 범이 먹이를 노려 봄. 기회를 노려보고 있는 모양.
豪言壯談(오언장담) : 허풍을 떨며 하는 말.
浩然之氣(호연지기) : 마음이 크고 올바른 기운.
好衣好食(호의호식) : 좋은 옷과 음식.
胡蝶之夢(호접지몽) : 자연과 한 몸이 된 경지. 인생의 덧없음.
惑世誣民(혹세무민) : 세상을 어지럽히고 백성을 미혹하게 하여 속임.
昏定晨省(혼정신성) : 부모의 잠자리를 정해 드리고 아침에 문안드림.
紅爐點雪(홍로점설) : 힘이 미약하여 아무런 보람을 얻을 수 없음.
弘益人間(홍익인간) : 널리 인간세계를 이롭게 함.
紅一點　　(홍일점)　: 많은 남자들 가운데 단 한 사람의 여자가 낀 경우.
畵龍點睛(화룡점정) : 가장 중요한 부분을 마무리함으로써 일을 완성함. 사물의 가장 중요한 부분.
花容月態(화용월태) : 아름다운 여인의 얼굴과 맵시.
畵中之餠(화중지병) : 그림의 떡. 보기만 했지 실효성은 없음.
畵虎類狗(화호유구) : 호랑이 그리다 개 그린다. 서툰 솜씨로 도리어 잘못됨.
荒唐無稽(황당무계) : 하는 일이 허황하고 두서가 없음.
虛無孟浪(허무맹랑) : 膾炙人口(회자인구) : 널리 사람의 입에 오르내림.
會者定離(회자정리) : 만나는 자는 반드시 헤어질 운명에 있음.
橫說竪說(횡설수설) : 조리가 없이 말을 함부로 함.
嚆矢　　　(효시)　　: 우는 화살이나 사물의 처음. 시작이나 사건이 처음 일어난 것.
後生可畏(후생가외) : 젊은이란 장차 얼마나 큰 역량을 나타낼지 헤아리기 어려운 존재.
厚顔無恥(후안무치) : 뻔뻔하여 부끄러운 줄을 모름.
興盡悲來(흥진비래) : 즐거운 일이 다하면 슬픈 일이 다가옴.
喜怒哀樂(희로애락) : 기쁨과 노여움과 슬픔과 즐거움. 사람의 온갖 감정.
喜色滿面(희색만면) : 기쁜 빛이 얼굴에 가득함.
喜喜樂樂(희희낙락) : 매우 기뻐하여 즐거워함.

경조사 문구 漢字로 쓰기

회갑 回甲 : 61세 되는 해 (환갑 還甲)

진갑 進甲 : 회갑 다음해 (진갑 進甲)

칠순 七旬 : 70세 되는 해 (고희 古稀)

희수 稀壽 : 77세 되는 해 (희수 稀壽·희수 喜壽)

팔순 八旬 : 80세 되는 해 (산수 傘壽)

미수 米壽 : 88세 되는 해 (미수연 米壽宴)

백수 白壽 : 99세 되는 해 (백수 白壽)

60세 이후의 생일잔치는 모두 수연(壽筵)이라 함.

※ 더욱 건강하시고 오래 사시기를 기원한다는 뜻.

약혼·결혼

| 祝約婚 (축약혼) | 祝結婚 (축결혼) | 祝華婚 (축화혼) |

회갑

| 祝壽宴 (축수연) | 祝禧筵 (축희연) | 祝回甲 (축회갑) | 祝還甲 (축환갑) | 祝周甲 (축주갑) | 祝花甲 (축화갑) | 祝華甲 (축화갑) |

나이에 따라 쓰기

70세	77세	77세	80세	88세	99세	100세
祝축 古고 稀희	祝축 稀희 壽수	祝축 喜희 壽수	祝축 傘산 壽수	祝축 米미 壽수	祝축 白백 壽수	祝축 百백 壽수

연령 칭호

15세 : 지 학[志學], 성 동[成童]

20세 : 약 관[弱冠]

30세 : 입 년[立年]

32세 : 이모년[二毛年]

40세 : 불 혹 [不惑]

50세 : 지천명[知天命]

50세 이상 60세 이하 : 망육[望六]

61세 : 화갑[華甲], 회갑[回甲], 주갑[週甲]
　　　　주갑[周甲], 갑년[甲年]

70세 : 고희[古稀], 희수[稀壽], 칠질[七秩]

77세 : 희수[喜壽]

80세 : 팔질[八秩]

88세 : 미수[米壽]

100세 : 백수[百壽]

상가(喪家) 조문

| 弔儀(조의) | 弔意(조의) | 賻儀(부의) | 謹弔(근조) | 奠儀(전의) |

승진 · 취임 · 영전 · 축하

| 祝昇進(축승진) | 祝榮轉(축영전) | 祝榮進(축영진) | 祝選任(축선임) | 祝重任(축중임) | 祝就任(축취임) | 祝連任(축연임) |

개업 · 이전

| 祝發展(축발전) | 祝開業(축개업) | 祝繁榮(축번영) | 祝盛業(축성업) | 祝開場(축개장) | 祝開店(축개점) | 祝移轉(축이전) |

입학 · 졸업 · 합격

| 祝入學(축입학) | 祝卒業(축졸업) | 祝合格(축합격) |

한자 [漢字] 쓰기 노트북

정가 8,000원

지은이 | 손동조 · 손주남
펴낸이 | 조 상 범
펴낸곳 | 도서출판 건기원

2009년 7월 10일 제1판 제1인쇄
2009년 7월 15일 제1판 제1발행

주소 | 서울특별시 강서구 공항동 1358-5호(157-816)
전화 | (02)2662-1874~5
팩스 | (02)2665-8281
등록 | 제11-162호, 1998. 11. 24

• 건기원은 여러분을 책의 주인공으로 만들어 드리며 출판 윤리 강령을 준수합니다.
• 본서에 게재된 내용 일체의 무단복제 · 복사를 금하며 잘못된 책은 교환해 드립니다.

ISBN 978-89-5843-527-3 13710